BHAGAVAD - GITA
SEGUNDO
GANDHI

Dados Internacionais de Catalogação na Publicação (CIP)
(Câmara Brasileira do Livro, SP, Brasil)

Mahabharata. Bhagavad-Gita.
Bhagavad-Gita segundo Ganhi: tradução Norberto de
Paula Lima. – São Paulo: Ícone, 2016.

ISBN 978-85-274-0989-6

1. Gandhi, Mahatma, 1869-1948. 2. Mahabharata
Bhagavad-Gita. I. Gandhi, Mahatma, 1869-1948.
II. Título

92-2509   CDD-294.5924

Índices para catálogo sistemático:

1. Bhagavad-Gita: Livros sagrados: Hinduísmo   294.5924
2. Mahabharata. Bhagavad-Gita: Livros sagrados:
   Hinduísmo   294.5924

BHAGAVAD - GITA
SEGUNDO
GANDHI

Tradução:
NORBERTO DE PAULA LIMA

4ª edição

© Copyright 2016.
Ícone Editora Ltda

Produção e Capa
Anízio de Oliveira

Composição
Marilene Russo de Moraes

Diagramação
Pedro F. Moraes

Revisão
Adalberto de Oliveira Conto

Proibida a reprodução total ou parcial desta obra,
de qualquer forma ou meio eletrônico, mecânico,
inclusive através de processos xerográficos,
sem permissão expressa do editor
(Lei n° 9.610/98).

Todos os direitos reservados pela
ÍCONE EDITORA LTDA.
Rua Javaés, 589 - Bom Retiro
CEP 01130-010 - São Paulo - SP
Fone/Fax.: (11) 3392-7771
www.iconeeditora.com.br
iconevendas@iconeeditora.com.br

Apresentação

O Bhagavad Gita traz no seu bojo a essência da cultura hindu e principalmente seus ideais espirituais.

A interpretação dada pelo Mahatma Gandhi é uma das mais puras e legítimas, pois ele vivenciou e personificou cada ensinamento do Gita. Todos os atos de sua vida privada ou pública foram inspirados nas divinas e sagradas palavras.

O sagrado Gita foi o mestre, a luz que iluminou todos os caminhos percorridos pelo guia espiritual da Índia. Gandhi jamais se afastou do Gita, ele estudou, ensinou e praticou diariamente os sagrados ensinamentos.

O Gita encerra os segredos da evolução do homem, tanto no progresso material, como em seu desenvolvimento espiritual. Gandhi traduziu do Sânscrito para o inglês, fugindo da técnica de uma simples tradução literal velada e hermética para a maior parte das pessoas, e ofereceu uma tradução que expressa principalmente a essência das mensagens do Gita de forma que o homem comum possa compreender.

No Gita encontramos os princípios de verdade e de não-violência que nortearam a vida de Gandhi:

"9. O autor do Mahabharata não estabeleceu a necessidade da guerra material; pelo contrário, provou

sua futilidade. Fez com que vitoriosos vertessem lágrimas de dor e arrependimento, e não lhes deixou senão um legado de desgraças.
10. Nesta grande obra, o Gita é a cúspide. Seu segundo espírito, em vez de nos ensinar as regras da guerra material, nos diz como se pode reconhecer um homem perfeito. Entre as características do homem perfeito do Gita, não vejo nenhuma que corresponda ao querreiro. Sua exposição interior é incompatível com as regras de conduta que governam as relações entre bandos em guerra."

O Gita não é um texto dogmático, mas o investigador *tem liberdade para extrair desse tesouro qualquer significado que lhe agrade e que o capacite a observar em sua vida o ensinamento fundamental.*

Gandhi personalizou o Gita e, além de deixar seu testemunho pessoal, deixou a tradução do texto que expressa o espírito puro do Gita no qual ele espelhou sua vida.

Carlos E. Rodrigues

ANASAKTIYOGA

A MENSAGEM DO GITA

TWO

I.

1. Tal como escrevi *Minhas Experiências com a Verdade*, influenciado pelo afeto de colaboradores como Swami Ananda e outros, assim foi a respeito de minha tradução do Gita. "Poderemos apreciar o sentido que você dá à mensagem do Gita somente quando pudermos estudar uma tradução do texto completo feita por você mesmo, com o acréscimo das notas que julgue necessário. Não creio que seja correto de sua parte deduzir *Ahimsa*, etc., de uns quantos versos", diziame Swami Ananda durante os dias da não-cooperação. Senti a força de suas observações. Portanto, disse-lhe que seguiria sua sugestão quando tivesse tempo para isso. Pouco depois, fui encarcerado. Enquanto estava preso, pude estudar o Gita mais completamente. Examinei com atenção e reverência a tradução para o guzerate da grande obra de Lokamanya. Ele me havia obsequiado o original em marata e as versões em guzerate e hindi,[1] e me pedira que, se eu não pudesse tomar o original, pelo menos examinasse a tradução em guzerate. Não pude seguir seu conselho fora das muralhas da prisão. Mas, quando estive encarcerado, li essa tradução. Essa leitura me abriu o apetite para seguir em frente, e dei uma olhada às várias traduções do Gita.

2. Meu primeiro conhecimento do Gita começou em 1888-1889, com a tradução em versos de Sir Edwin

Arnold, conhecida como a *Canção Celestial*. Ao lê-la, senti um vivo desejo de ler uma tradução em guzerate. E li quantas traduções pude encontrar. Mas todas essas leituras não podiam me autorizar a apresentar minha própria tradução. Além de meu conhecimento do sânscrito ser limitado, meu conhecimento do guzerate não é de forma alguma acadêmico. Como eu podia me atrever a apresentar a público minha tradução?

3. Foi meu esforço, como também o de alguns companheiros, colocar em prática os ensinamentos do Gita tal como os entendi. O Gita chegou a ser para nós nosso livro de consulta espiritual. Dou-me conta de que sempre falhamos ao tentar agir em perfeito acordo com o ensinamento. O fracasso não se deve à falta de esforço, mas a despeito dele. Mesmo através dos fracassos, parece-nos ver raios de esperança. A presente versão contém o significado da mensagem do Gita que este pequeno grupo está tentando realizar em sua conduta diária.

4. Além disso, esta tradução se destina às mulheres, à classe comercial, aos chamados sudras (servos) e outros, os quais têm pouca ou nenhuma preparação literária, e que, não tendo tempo para ler o Gita no original, sentem a necessidade de seu apoio. Apesar de meu guzerate não ser acadêmico, devo confessar meu desejo de legar aos guzerates,[2] através de sua língua materna, todo o conhecimento que eu possa ter. Realmente desejo que, em uma época em que certa produção literária de caráter duvidoso está caindo em suas mãos, eles possam ter uma tradução que a maioria possa entender de um livro que é considerado sem par por seu mérito espiritual, e assim resistir à perturbadora inundação de lixo literário.

5. Este desejo não significa qualquer falta de respeito pelas demais traduções. Elas têm seu próprio lugar. Mas não estou inteirado da afirmação feita pelos tradu-

tores acerca do significado do Gita em suas próprias vidas. Meu estudo está respaldado pela decisão de um esforço para observar seu significado em minha própria conduta por um período ininterrupto de 40 anos. Por essa razão, abrigo o desejo de que todo homem ou mulher guzerate que deseje moldar sua conduta de acordo com sua fé possa digerir e extrair forças da tradução que aqui apresento.
6. Meus colaboradores também trabalharam nesta tradução. Sendo muito limitado meu conhecimento do sânscrito, não podia ter plena confiança em minha tradução literal. Portanto, a tradução passou pelos olhos de Vinoba, Kalelkar, Mahadev Desai e Kishorlal Mashruwala.

II.

7. Agora, vejamos a mensagem do Gita.
8. Já em 1888-89, quando pela primeira vez tomei conhecimento do Gita, dei-me conta de que não se tratava de um trabalho histórico, mas que, sob o disfarce de uma guerra material, descrevia o duelo que continuamente se produz nos corações da humanidade, e que a guerra material foi introduzida somente para tornar mais atraente a descrição do duelo interno. Esta primeira intuição foi confirmada por um estudo mais atento da religião e do Gita. Um estudo do *Mahabharata*[3] acrescentou outra confirmação. Não considero o *Mahabharata* como uma obra histórica no sentido usual. O *Adiparva* (capítulo do Poema) contém claras evidências em apoio de minha opinião. Atribuindo origem super-humana ou sub-humana aos principais atores, o grande Vyasa fez uso da história de reis e de seus povos. Os personagens ali descritos podem ser históricos, mas o autor do *Mahabharata* utilizou-os meramente para exprimir suas idéias religiosas.

9. O autor do *Mahabharata* não estabeleceu a necessidade da guerra material; pelo contrário, provou sua futilidade. Fez com que os vitoriosos vertessem lágrimas de dor e arrependimento, e não lhes deixou senão um legado de desgraças.

10. Nesta grande obra, o Gita é a cúspide. Seu segundo capítulo, em vez de nos ensinar as regras da guerra material, nos diz como se pode reconhecer um homem perfeito. Entre as características do homem perfeito do Gita, não vejo nenhuma que corresponda ao guerreiro. Sua exposição inteira é incompatível com as regras de conduta que governam as relações entre bandos em guerra.

11. O Krishna do Gita[4] é a perfeição e o verdadeiro conhecimento personificados; mas o retrato é imaginário. Isto não significa que Krishna, o amado de seu povo, nunca existiu. Mas a perfeição é imaginada. A idéia de uma encarnação perfeita é um produto posterior.

12. No Hinduísmo, a encarnação é atribuída àquele que realizou algum serviço extraordinário à humanidade. Toda vida personificada é na realidade uma encarnação de Deus, mas não se costuma considerar cada ser vivente como uma encarnação. As gerações futuras rendem esta homenagem àquele que, em sua própria geração, foi extraordinariamente religioso em sua conduta. Não vejo nada de mau nesse procedimento; nada tira da grandeza de Deus, nem violenta a Verdade. Há um provérbio urdu que diz: "Adão não é Deus, mas uma centelha da Divindade." Portanto, aquele que tem um comportamento mais religioso possui nele uma centelha divina maior. É de acordo com essa linha de pensamento que Krishna tem, dentro do Hinduísmo, a posição de Encarnação Perfeita.

13. Essa crença na Encarnação é um testemunho da elevada ambição espiritual do homem. O homem não está em paz consigo mesmo enquanto não chegar

a se assemelhar a Deus. O esforço para alcançar esse estado é a suprema ambição, e a única valiosa. É isso a auto-realização. Esta é o tema do Gita, bem como de todas as Escrituras. Mas certamente seu autor não o escreveu para estabelecer essa doutrina. Parece-me que o objetivo do Gita é mostrar o melhor caminho para obter a auto-realização. Aquilo que se pode encontrar disperso mais ou menos claramente em todas as Escrituras hindus foi apresentado no Gita na mais clara linguagem possível, mesmo arriscando-se a cair em repetições.

14. *Esse caminho incomparável é a renúncia aos frutos da ação.*

15. Este é o ponto central ao redor do qual o Gita é forjado. Essa renúncia é o sol central ao redor do qual a devoção, o conhecimento e os demais giram, como planetas. O corpo foi comparado a uma prisão. Onde houver corpo, deve haver ação. Ser personificado algum está isento de trabalho. E, no entanto, todas as religiões proclamam que é possível ao homem obter a salvação considerando o corpo como templo de Deus. Mas toda ação encontra-se maculada, mesmo a mais trivial. Como se pode fazer do corpo o templo de Deus? Em outras palavras, como é possível se libertar da ação, da mácula da ação? O Gita responde a essa pergunta em uma linguagem decisiva: "Pela ação desinteressada; pela renúncia aos frutos da ação; dedicando todas as atividades a Deus, entregando-se a Ele de corpo e alma."

16. Mas a falta de desejos ou a renúncia não vêm pelo mero fato de se falar delas. Não são obtidas por uma proeza intelectual. São obtidas somente por um contínuo agitar do coração. Para obter a renúncia, é necessário o verdadeiro conhecimento. Os eruditos possuem um conhecimento de certo tipo. Podem recitar os Vedas de memória e não obstante estar mergulhados em excessos. Para que o conhecimento não siga sem

rumo, o autor do Gita insiste em que se faça acompanhar de devoção, e atribui a esta o primeiro lugar. O conhecimento sem devoção será como um fogo artificial. Portanto, diz o Gita: "Tende devoção e o conhecimento há de segui-la." Essa devoção não é um mero culto da boca para fora, é uma luta com a morte. Daí a afirmação do Gita de que as qualidades do devoto são as mesmas que as do sábio.

17. Sendo assim, a devoção exigida no Gita não é a efusão de um coração brando. Certamente não é uma fé cega. A devoção do Gita nada tem a fazer com o que é exterior. Um devoto pode usar dos rosários se desejar, sinais na fronte, fazer oferendas, mas tais coisas não provam sua devoção. Um devoto é aquele não sente ciúmes por nada, o que é uma fonte de compaixão, não tem egoísmo, recebe por igual o frio e o calor, a felicidade e a desgraça, o que sempre perdoa, o que está sempre contente, tem resoluções firmes, o que dedicou sua mente e sua alma a Deus, o que não causa temor, o que não teme aos demais, o que está livre do regozijo exagerado, penas e medos, o que é puro, o que se entrega à ação mas não é por ela afetado, o que renuncia a todos os frutos, bons ou maus, o que trata por igual amigos e inimigos, o que não se comove por respeito ou falta de respeito, o que não se desvanece com louvores, o que não se deprime se as pessoas dele falam mal, o que ama o silêncio e a solidão, o que tem uma mente disciplinada. Tal devoção é incompatível com a existência ao mesmo tempo de fortes atrações.

18. Vemos assim que ser um verdadeiro devoto é realizar a si mesmo. A auto-realização não é algo à parte. Com uma rúpia podemos comprar veneno ou néctar, mas com o conhecimento e a devoção não podemos comprar nossa salvação ou nossa escravidão. Não são meios de troca. São em si mesmos aquilo de que neces-

sitamos. Em outras palavras, se os meios e o fim não são idênticos, quase poderiam sê-lo. O fim dos meios é a salvação. A salvação do Gita é a paz perfeita.

19. Mas tais conhecimento e devoção, para serem verdadeiros, têm de resistir à prova da renúncia aos frutos da ação. O mero conhecimento do verdadeiro e do falso não nos tornará aptos para a salvação. De acordo com o sentir geral, um mero erudito passa por um Pandit: ele não precisa fazer qualquer serviço, considerando como escravidão até levantar um pequeno jarro. Quando a prova do conhecimento é a não-obrigação de servir, então não há lugar para um trabalho tão vulgar quanto recolher um pequeno jarro.

20. Ou tomemos o Bhakti[5]: a noção popular de Bhakti é a brandura do coração, rezar o rosário e assim por diante, desdenhando fazer um serviço ainda que amistoso, por medo de que o rosário possa ser interrompido. Este Bhakta, portanto, deixa o rosário somente para comer, beber, e o resto, mas jamais para moer cereais ou cuidar dos enfermos.

21. Mas o Gita diz: "Ninguém alcançou sua meta sem a ação. Mesmo homens como Janaka[6] alcançaram a salvação através da ação. Mesmo se Eu, por preguiça, deixasse de trabalhar, o mundo pereceria. Quanto mais necessário, então, para as pessoas em geral entregarem-se à ação?"

22. Enquanto por um lado é indiscutível que toda ação ata, por outro lado é igualmente certo que todos os seres vivos têm de executar algum trabalho, queiram ou não. Aqui, toda atividade, seja mental ou física, deve ser incluída no termo ação. Então, como se pode estar livre das ataduras da ação, ainda quando se está agindo? A maneira pela qual o Gita resolveu o problema é, parece-me, única. O Gita diz: "Faças o trabalho que te cabe, mas renuncies a seus frutos, sejas desapegado e trabalha, não desejes recompensas, e trabalha."

Esse é o verdadeiro ensinamento do Gita. O que abandona a ação, cai. O que abandona somente a recompensa, eleva-se. Mas a renúncia aos frutos de maneira alguma significa indiferença pelo resultado. A respeito de toda ação, deve-se conhecer o resultado que se espera obter, os meios e a capacidade para isso. Aquele que, estando assim equipado, não tem desejo pelos resultados, mas está completamente concentrado no devido cumprimento da tarefa à sua frente, pode-se dizer dele que renunciou aos frutos da ação.

23. Por outro lado, que ninguém considere que a renúncia significa falta de frutos para o renunciante. A leitura do Gita não autoriza tal significado. Renúncia significa ausência de ânsia pelos frutos. Na realidade, aquele que renuncia recebe mil vezes mais. A renúncia do Gita é a dura prova da fé. Quem está sempre pensando nos resultados amiúde perde a calma na execução de seu trabalho. Põe-se impaciente, dá rédeas soltas à ira e começa a fazer coisas indignas; salta de ação em ação, sem permanecer fiel a nenhuma. Aquele que vacila sobre os resultados é como um homem entregue aos objetos dos sentidos; ele está sempre distraído, despede-se de todo escrúpulo, tudo lhe parece correto e portanto recorre a meios sujos e turbulentos para obter seus fins.

24. Das amargas experiências do desejo pelos frutos, o autor do Gita descobriu o caminho da renúncia aos frutos e o expôs ao mundo do modo mais convincente. A crença geral é que a religião se opõe aos bens materiais. "Não se pode agir religiosamente no comércio ou em tais outros assuntos. Em tais atividades, não há lugar para a religião, a religião é somente para obter a salvação", ouvimos ser dito por muitas pessoas instruídas. Na minha opinião, o autor do Gita dissipou esse erro. Não traçou uma linha de separação entre a salvação e as atividades mundanas. Pelo contrário, mostra-

nos que a religião deve reger até mesmo nossas atividades mundanas. Eu vejo que o Gita nos ensina que aquilo que não pode ser seguido até o fim na prática de nossa vida diária não pode ser chamado de religião. Assim, de acordo com o Gita, todos os atos que não podem ser executados sem apego são tabu. Esta regra de ouro salva a humanidade de muitas armadilhas. De acordo com essa interpretação, o crime, a mentira, a dissipação e coisas semelhantes devem ser considerados pecaminosos e, portanto, tabu; então, a vida do homem torna-se simples, e de sua simplicidade surge a paz.

25. Meditando sobre estas linhas, senti que ao tentar pôr em prática na nossa vida os ensinamentos do Gita, está-se obrigado a seguir a Verdade e a Não-Violência. Quando não há desejo pelos frutos, não há tentação pelo falso ou violento. Tomemos qualquer exemplo de falsidade ou de violência e dar-se-á que por trás dele está o desejo de obter um fim acariciado. Mas pode ser francamente admitido que o Gita não foi escrito para estabelecer a Não-Violência. Ahimsa foi um dever primordial mesmo antes da época do Gita. O Gita devia enunciar a mensagem da renúncia aos frutos. Isso está claramente apresentado a partir do segundo capítulo.

26. Mas se o Gita era partidário da Ahimsa ou a incluía no desapego, por que seu autor utilizou o contexto de uma guerra? Quando o Gita foi escrito, mesmo que as pessoas cressem na Ahimsa, as guerras não apenas não eram tabu como ainda ninguém via uma contradição entre estas e Ahimsa.

27. Para avaliar as implicações da renúncia aos frutos da ação, não precisamos pôr à prova a mente do autor do Gita a respeito de suas limitações para com Ahimsa e o restante. Pelo fato de que um poeta tenha posto uma verdade diante do mundo, não se segue necessariamente que ele tenha conhecido ou realizado

17

todas as suas grandes conseqüências, ou que, tendo-o feito, seja sempre capaz de exprimi-las plenamente. Nisto consiste talvez a grandeza do poema e do poeta. O significado de um poema é ilimitado. Como o homem, o significado das grandes obras evolui. Ao examinar a história da linguagem, vemos que o significado de palavras importantes foi se modificando e expandindo. Acontece isso com o Gita. O autor ampliou o significado de algumas palavras de uso comum. Podemos descobrir isso mesmo em um estudo superficial. É possível que, em uma época anterior ao Gita, a oferenda de sacrifícios animais fosse permitida. Mas não há traços disso no sacrifício mencionado pelo Gita. Aqui, a contínua concentração em Deus é o rei dos sacrifícios. O terceiro capítulo parece nos mostrar que sacrifício significa principalmente o trabalho corporal para servir. O terceiro e quarto capítulos, lidos em conjunto, dar-nos-ão outros significados do sacrifício, mas nunca o sacrifício de animais. Igualmente, o significado da palavra *Sannyasa* (renúncia) sofreu uma transformação no Gita. O *sannyasa* do Gita não admite a completa cessação de toda atividade. *Sannyasa*, no Gita, é todo trabalho e, contudo, não é trabalho. Assim, o autor do Gita ampliou o sentido das palavras, ensinando-nos a imitá-lo. Que fique estabelecido que, de acordo com a letra do Gita, é possível dizer que a guerra é compatível com a renúncia aos frutos. Mas, após quarenta anos e um contínuo esforço para observar plenamente os ensinamentos do Gita em minha própria vida, dei-me conta, com toda humildade, de que a perfeita renúncia é impossível sem a perfeita observância da *Ahimsa* em todas as suas formas.

28. O Gita não é um trabalho aforístico; é um grande poema religioso. Quanto mais profundamente mergulharmos nele, mais ricos os significados que poderemos obter. Sendo suposto para qualquer pessoa, sem

limitações, há repetições agradáveis. Em cada época, as palavras importantes terão um novo e mais extenso significado. Mas seu ensinamento fundamental não variará jamais. O investigador tem liberdade para extrair desse tesouro qualquer significado que lhe agrade e que o capacite a observar em sua vida o ensinamento fundamental. 29. Tampouco é o Gita uma coleção de "Faças" e "Não faças". O que é legal para uns pode ser ilegal para outros. O que é permitido em uma época ou lugar pode não o ser em outro. O desejo pelos frutos da ação é a única proibição universal. O desapego é obrigatório. 30. O Gita teceu louvores ao Conhecimento, mas está além do mero intelecto; essencialmente, dirige-se ao coração e só pelo coração pode ser compreendido. Portanto, o Gita não é para aqueles que não têm fé. O autor faz com que Krishna diga:

"Não entregueis este tesouro àquele que não possui espírito de sacrifício, devoção, anelo por este ensinamento, nem àquele que a Mim nega. Por outro lado, aqueles que dêem este precioso tesouro a meus devotos, a Mim chegarão com toda certeza. E aqueles que, livres de toda malícia, absorverem com fé este ensinamento, tendo obtido a liberdade, viverão aonde as pessoas de verdadeiro mérito se dirigem após a morte."

M. K. Ghandi

(A tradução do original em inglês apareceu nas colunas de "Young India" a 6 de agosto de 1931.)

Notas:
1 Guzerate, Marata e Hindi são idiomas de diferentes regiões da Índia.
2 Guzerates = habitantes de Guzerate, a terra natal de Gandhi.
3 Mahabharata = nome do grande poema épico dos hindus, provavelmente o mais antigo e longo do mundo. O tema principal do poema é a grande guerra entre os Kauravas e Pandavas pelo reino de Hastinapura.
Dhritarashtra e Pandu eram os dois filhos do rei de Hastinapura. O mais velho nasceu cego e, portanto, Pandu, o mais novo, subiu ao trono; mas durante seu reinado cometeu certa ofensa aos deuses e teve de se retirar para a selva para fazer

penitência. Ali viveu vários anos com suas duas esposas e cinco filhos, chamados os Pandavas. Durante seu exílio, foi coroado rei o cego Dhritarashtra, que teve cem filhos, os quais foram chamados de Kauravas.

Pandu morreu na selva e seus filhos foram levados a Hastinapura, onde cresceram e se educaram junto a seus primos, os filhos de Dhritarashtra. O rei cego dividiu o reino entre seus filhos e os filhos de seu irmão, e assim os Kauravas e Pandavas começaram a reinar separadamente em suas respectivas capitais. Mas os Kauravas invejavam os Pandavas e planejaram um jogo de dados em que fraudulentamente ganharam as posses destes, obrigando-os a viver no desterro durante treze anos. De acordo com as condições do jogo, passados os treze anos, os Pandavas regressaram e pediram sua herança. Duryodhana, o mais velho dos Kauravas, que havia usurpado o trono em sua ausência, recusou-se a devolvê-lo e, como conseqüência, veio a guerra.

4 Krishna = o mais célebre herói da mitologia hindu, e o mais popular dentre os deuses. Diz-se que é a oitava encarnação de Vishnu. Há uma enorme quantidade de lendas ao redor de sua vida, e ocupa um lugar proeminente no Mahabharata, como primo dos Pandavas e amigo e companheiro de Arjuna. Posteriormente, sua personalidade foi investida de certo grau de misticismo, e é nesse caráter de "divino" que recita o afamado *Bhagavad Gita* (Canção do Senhor), o qual agora faz parte do grande poema épico.

5 Bhakti = sendeiro da devoção.
6 Janaka = rei-filósofo da antigüidade.

Capítulo I

Conhecimento algum pode ser alcançado sem ser buscado, nem a tranqüilidade sem que se preocupe por ela, nem a felicidade senão através de tribulações. Todo investigador, em um momento ou outro, tem de sofrer um conflito entre deveres, uma conversão do coração.

Dhritarashtra disse:

1. Diz-me, ó Sanyaya[1], que fizeram meus filhos e os filhos de Pandu, prontos para o combate, reunidos no campo de Kurû[2], o campo do dever.

O corpo humano é o campo de batalha onde se dá o eterno duelo entre o Bem e o Mal. Portanto, pode ser transformado na porta de entrada para a Liberdade. Nasceu em pecado e se converte na semente do pecado. Daí que seja chamado o campo de Kurû. Os Kauravas representam as forças do Mal, os Pandavas as forças do Bem. Quem jamais experimentou dentro de si mesmo o conflito diário entre as forças do Mal e as do Bem? O Gita não é um discurso histórico. Necessita-se amiúde de uma ilustração física para se demonstrar uma verdade espiritual. Isto não é a descrição de uma guerra entre primos, e sim entre nossas duas naturezas — o Bem e o Mal. Eu considero Duryodhana e os seus como os baixos impulsos do homem, e Arjuna e os seus como os impulsos elevados. O campo de batalha é nosso próprio corpo. Uma eterna batalha se segue entre os dois campos, e o Poeta a descreve vividamente. Krishna é o Morador Interno, sempre sussurrando a um coração puro.

Sanyaya disse:

2. Vendo o exército dos Pandavas disposto ao combate, o rei Duryodhana aproximou-se de Drona, seu Mestre, e assim lhe falou:

3. Contempla, ó Mestre, o poderoso exército dos filhos de Pandu, posto em ordem de batalha pelo filho de Drupada, teu sábio discípulo.

4. Aqui estão os valentes arqueiros, iguais a Bhima e Arjuna no combate: Yuyudhana e Virata, e o grande Maharatha Drupada.

23

5. Dhristaketu, Chekitana o valente, rei de Kashi, Purujit o Kuntibhoja e Shaibya, o primeiro entre os homens.

6. O valente Yudhamanyu, o valoroso Uttamauyas, o filho de Subhadra, e os filhos de Draupadi, cada um deles um Maharatha.

7. Conheces agora, ó melhor dos Brâmanes, os mais distintos entre os nossos. Menciono, para tua informação, os nomes dos capitães de nosso exército.

8. Tu mesmo, Bhima, Karna e Kripa o vitorioso, Ashwatthaman, Vikarna, também filho de Somadatta.

9. Há muitos outros heróis, conhecidos por sua destreza no manejo das armas, dispostos a dar sua vida por mim, todos peritos na guerra.

10. Estas são nossas forças, sob o comando de Bhisma, de todo insuficientes; enquanto que as deles, sob o comando de Bhima, são de todo adequadas.

11. Portanto, que cada um de vós, conservando seu posto, defenda Bhisma a todo momento.

12. Ouvindo isto, o heróico antepassado, o grande ancião dos Kurûs, rugiu como um leão e soprou sua trompa para animar Duryodhana.

13. Imediatamente, trompas, tambores, címbalos e trombetas soaram ao mesmo tempo. O ruído foi terrorífico.

14. Então, Madhava (Krishna) e Pandava (Arjuna), de pé em seu grande carro de guerra, com brancos cavalos, sopraram suas trompas divinas[3].

15. Hrishikesha (Krishna) soprou a Panchayanya, Dhananyaya (Arjuna) soprou a Devadatta, enquanto Bhima, o de assombrosas façanhas, soprou sua grande trompa Paundra.

16. O rei Yudhisthira,[4] filho de Kunti, soprou a Anantavijaya, e Nakula e Sahadeva sopraram suas trompas Sughosha e Manipushpaka.

17. E o rei de Kashi, grande arqueiro, e Shikhandi o Maharata, Drishtadyumna, Virata e Satyaki o invencível.

18. Drupada, os filhos de Draupadi, e o bem armado filho de Subhadra, todos eles, ó Rei, sopraram cada qual sua trompa.

19. Aquela terrível comoção, ressoando nos céus e na terra, destroçou o coração dos filhos de Dhritarashtra.

20/21. Então, o Pandava (Arjuna), com seu emblema de Hanuman, vendo os filhos de Dhritarashtra dispostos a lançar as primeiras flechas, tomou de seu arco e assim falou a Hrishikesha (Krishna): "Coloca meu carro entre os dois exércitos, ó Achyuta;

22. Para que eu possa contemplá-los, formados em ordem de combate, e saber a quem devo enfrentar nesta terrível batalha;

23. E que eu possa inspecionar os guerreiros aqui reunidos, ansiosos de cumprir com os perversos desejos de Duryodhana."

Sanyaya disse:

24/25. Depois de Gudakesha (Arjuna) assim ter falado, ó Rei, Hrishikesha (Krishna) colocou o singular carro entre os dois exércitos, frente a Bhisma, Drona e todos os reis, e disse: "Contempla, ó Partha, aos Kurûs ali reunidos."

26/27. Então Partha (Arjuna) viu progenitores, antepassados, Mestres, tios, irmãos, filhos, netos, amigos, sogros e camaradas em ambos os exércitos. Contemplando a todos estes familiares alinhados defronte ele, Kaunteya (Arjuna) foi dominado por uma grande compaixão e, cheio de angústia, assim falou:

Arjuna disse:

28/29. Ó Krishna, quando vejo estes familiares aqui reunidos, ansiosos por lutar, desfalecem meus membros, seca minha boca, treme meu corpo e eriçam-se meus cabelos.
30. Meu arco Gandiva escapa de minhas mãos, minha pele está ardendo, não consigo me manter de pé e minha mente gira em torvelinho.
31. Tenho funestos presságios, ó Keshava (Krishna); e não vejo proveito algum em matar meus próprios parentes nesta batalha.
32. Não busco a vitória, nem o poder ou prazeres terrenos. Que proveito têm para nós, Ó Govinda (Krishna), o poder, os prazeres mundanos, bem como a vida?
33. Aqueles para os quais desejaríamos o poder, as alegrias e prazeres terrenos, estão aqui dispostos para o combate tendo renunciado à vida e à riqueza;
34. Mestres, antepassados, progenitores, filhos e mesmo netos, tios, sogros, cunhados e demais familiares;
35. A estes não mataria, ó Madhusudana (Krishna), ainda que eles matassem a mim; nem pelo reinado dos três mundos, e menos ainda por um reinado terrestre.
36. Que satisfação pode haver em matar aos filhos de Dhritarashtra, ó Janardana? Ainda que sejam eles os usurpadores, matando-os, o resultado pode apenas ser o pecado.
37. Não nos cabe matar aos filhos de Dhritarashtra, nossos parentes. Como poderemos ser felizes, ó Madhava (Krishna), matando a nossos próprios familiares?
38. Ainda que estes, com o juízo distorcido pela cobiça, não vejam qualquer delito na destruição da família, nem o pecado de traição aos companheiros;
39. Como podemos nós, ó Janardana (Krishna), não evitar de nos afastarmos deste pecado, vendo claramente o delito que tal destruição significaria?

40. Com a destruição da família perecem as tradicionais virtudes familiares, e com o término destas virtudes, a iniqüidade se apodera de todo o grupo familiar.

41. Quando a iniqüidade prevalece, ó Krishna, as mulheres da família se corrompem, e com sua corrupção origina-se a confusão das castas.

42. Esta confusão levará ao inferno os destruidores da família, bem como a própria família, e seus antepassados serão privados da beatitude por falta de oferendas e ritos funerários.

43. O delito desses destruidores da família, cujo resultado é a confusão das castas, aniquilará as virtudes da raça e da família.

44. Porque nos foi dito, ó Janardana, que os homens cujas virtudes familiares foram arruinadas estão condenados ao inferno.

45. Ah! Que terrível pecado estamos a ponto de cometer, dispostos a matar parentes e amigos pela cobiça do poder terreno!

46. Mais valeria que, desarmado e não oferecendo resistência, fosse eu derrubado no campo de batalha pelos filhos de Dhritarashtra.

Sanyaya disse:

47. Assim falou Arjuna no campo de batalha, e deixando cair seu arco e suas flechas, deixou-se cair no assento do carro, mergulhado em angústia.

Assim termina o primeiro capítulo, intitulado "O Desalento de Arjuna", no diálogo entre Sri Krishna e Arjuna sobre a ciência da Ioga como parte do conhecimento de Brahman, no Upanishad chamado o Bhagavad Gita[5].

Notas:

1 Sanyaya = ministro de Dhritarashtra, que aparece relatando ao rei, cego e ancião, o que ocorre no campo de batalha.

2 Kurukshetra = o campo de Kurû, é um vasto terreno próximo à moderna Delhi; aqui ficava Hastinapura, cenário da guerra entre os Kauravas e os Pandavas. Kurû, o antepassado de ambos os ramos da família, viveu aqui e deu seu nome ao lugar que se supõe ter sido cultivado por ele. Kshetra tem dois significados: um campo e uma esfera de ação ou lugar sagrado. Um antigo texto diz que este campo foi considerado sagrado desde os tempos mais antigos, e era um lugar onde eram oferecidos sacrifícios. Kauravas sãos os filhos de Kurû, e este nome deveria incluir os Pandavas, filhos de Pandu, pois Kurû é o antepassado comum, mas em geral aplica-se o nome de Kauravas apenas aos filhos de Dhritarashtra.

3 Krishna e Arjuna têm muitos nomes e epítetos. Eis aqui alguns dos nomes de Krishna: Achyuta (infalível), Keshava, Govinda, Yanardana, Madhusudana, Madhava, Purushottama (Ser Supremo), Vasudeva, Vishnu, Hari. E alguns dos nomes de Arjuna são: Kaunteya (filho de Kunti), Pandava (filho de Pandu), Partha, Bharata, Gudakesha, Dhananyaya, Parantapa (terror dos inimigos).

4 Yudhisthira = o maior dos irmãos Pandavas. Os outros quatro são: Bhima, Arjuna, Nakula e Sahadeva. Arjuna é o mais importante e distinto de todos eles.

5 Este colofão, ao final de cada capítulo, é digno de atenção. Foi transmitido desde os tempos antigos, e ainda que o título de cada capítulo seja diferente em algumas versões, o colofão é sempre o mesmo. Etimologicamente, a palavra Upanishad significa "o que o discípulo aprende sentado aos pés do Mestre"; significa também "o conhecimento que leva o homem para perto de Deus". O Gita é o Upanishad do poema épico *Mahabharata*.

Capítulo II

Devido a uma ilusão, o homem toma o falso pelo verdadeiro. Por uma ilusão, Arjuna foi levado a fazer uma diferença entre parentes e não-parentes. Para lhe demonstrar que essa distinção é falsa, Krishna distingue entre corpo (não-eu) e atman (eu), e mostra-lhe que enquanto os corpos são mortais e muitos, o atman é imorredouro e uno. O esforço está dentro do controle do homem, não é seu resultado. Tudo o que ele tem de fazer, portanto, é decidir em cada ocasião sua linha de conduta e seu dever, e perseverar sem se preocupar com os resultados. O cumprimento do dever com um espírito de desapego e não-egoísmo conduz à liberdade.

Sanyaya disse:

1. A Arjuna, assim vencido pela compaixão e a tristeza, e com seus olhos obscurecidos pelas lágrimas, Madhusudana (Krishna) disse estas palavras.

O Senhor disse:

2. Como é possível que neste momento de perigo te haja atingido o desalento, indigno de um nobre e que não te conduzirá nem ao céu nem à glória?
3. Não cedas à covardia, ó Partha (Arjuna); não é próprio de ti. Sacode esse depreciável temor e levanta-te, ó Parantapa!

Arjuna disse:

4. Como poderei eu atacar com minhas flechas a Drona e Bhisma, os quais são dignos de reverência, ó Arisudana (Krishna)?
5. Seria antes preferível viver de esmolas que matar a estes veneráveis anciãos. Depois de matá-los, não teria senão gozos manchados de sangue.
6. E não sei o que seria melhor para nós, se vencê-los ou sermos por eles vencidos, porque aqui estão os filhos de Dhritarashtra, e depois de os haver matado, eu não mais teria o desejo de viver.
7. Meu ser está paralisado pelo medo; minha mente não pode discernir qual é o dever, por isso te pergunto, diz-me com toda clareza, rogo-te, qual é meu dever. Eu sou teu discípulo; guia-me, busco refúgio em ti.
8. Porque não vejo nada que possa dispersar a angústia que nubla meus sentidos, ainda que obtivesse neste mundo o poder absoluto sobre um próspero reinado, ou o domínio sobre os deuses.

Sanyaya disse:

9. Assim falou Gudakesha Parantapa (Arjuna) a Krishikesha Govinda (Krishna), e depois de dizer "Não lutarei!", guardou silêncio.
10. Ao que estava assim dominado pela angústia entre os dois exércitos, Krishikesha, quase sorrindo, dirigiu estas palavras:

O Senhor disse:

11. Afliges-te por quem não deverias te afligir e pronunciaste palavras de vã sabedoria. O sábio não se entristece nem pelos vivos nem pelos mortos.
12. Porque Eu nunca deixei de existir, nem tu, nem estes reis; nem qualquer de nós deixará de existir no futuro.
13. Assim como o Atman (alma) experimenta a infância, a juventude e a velhice no presente corpo, assim também receberá outro corpo. O homem sábio não se engana por isto.
14. Ó Kaunteya! O contato com os objetos dos sentidos nos proporciona o frio e o calor, o prazer e a dor; vêm e se vão, são passageiros. Suporta-os, ó Bharata!
15. Ó, mais nobre dos homens! O sábio que não é perturbado por esses estados, que não é afetado pelo prazer ou pela dor, esse alcançará a imortalidade.
16. O Não-Ser jamais existiu, e o Ser jamais deixou de existir. O segredo destas duas verdades foi descoberto pelos buscadores da Verdade.
17. Conhece o que é imorredouro, o que a tudo interpenetra. Ninguém pode destruir esse Ser Imutável.
18. Estes corpos da alma encarnada, que é eterna, imorredoura, imensurável, são limitados. Portanto, luta, ó Bharata!

19. Aquele que pensa que o Atman (alma) pode matar e o que acredita que possa ser morto, ambos são ignorantes. Ele não mata nem pode ser morto.

20. Ele jamais nasceu, e jamais morre, nem tendo sido poderá deixar de ser; não nascido, eterno, antigo, não morre quando morre o corpo.

21. Aquele que sabe, ó Partha, que Este é imorredouro, eterno, não nascido e imutável, como pode esse homem matar ou ser morto?

22. Tal como um homem despe suas roupas usadas e veste outras novas, assim a alma encarnada abandona os corpos gastos e passa para outros novos.

23. As armas não a ferem, o fogo não a queima. Não a molham as águas e não a seca o vento.

24. Além de todo ferir, queimar, molhar e secar, está a alma — eterna, interpenetrando a tudo, firme, imóvel, imorredoura.

25. Não é percebida pelos sentidos nem pela mente, é considerada imutável; portanto, conhecendo-a como Tal, não deves te afligir.

26. E se consideras que a alma está destinada para sempre ao nascimento e à morte, ainda assim não deverias te afligir, ó Mahabahu (Arjuna)!

27. Porque segura é a morte para o que nasceu, e seguro é o nascimento para o que morreu; portanto, não deves lamentar o que é inevitável.

28. O estado de todos os seres antes do nascimento é não-manifestado; seu estado intermediário (entre o nascimento e a morte) é manifestado; seu estado depois da morte é outra vez não-manifestado. Que motivo há então para se lamentar, ó Bharata?

29. Alguns consideram que Esta é maravilhosa; outros Dela falam como tal; outros ouviram que é maravilhosa; mas ainda tendo ouvido, ninguém a conhece verdadeiramente.

30. Esta alma encarnada no corpo de cada ser sempre está além de todo dano, ó Bharata; portanto, não deves afligir-te por ninguém.

Até aqui, Krishna, pela força de argumentos baseados na razão pura, demonstrou que a alma (Atman) é permanente, enquanto o corpo físico é passageiro; e explicou que se, sob certas circunstâncias, pode-se considerar justificável a destruição de um corpo físico, é um engano imaginar que os Kauravas não deveriam ser mortos porque são familiares. Agora, Ele recorda a Arjuna seu dever de Xátria[1].

31. Ademais, considerando teu próprio dever, não deves te afastar dele, pois não há bem maior para um Xátria do que uma guerra justa.
32. Tal batalha, sem buscá-la, é como uma porta aberta para o céu que somente se apresenta aos afortunados Xátrias, ó Partha.
33. E se não lutas nesta nobre batalha, terás traído teu dever e perdido tua honra, e terás pecado.
34. O mundo recordará sempre a história de tua desonra; e para um homem honrado, a desonra é pior que a morte.
35. Os Maharathas[2] pensarão que o medo te fez retirar da batalha, e perderás a estima daqueles que te haviam colocado no alto.
36. Teus inimigos ridicularizarão tuas proezas e de ti dirão coisas indignas. Pode haver algo mais penoso que isto?
37. Se morreres, irás para o céu; vitorioso, herdarás a terra; portanto, ó Kaunteya (Arjuna), levanta-te e luta!

Tendo estabelecido a mais alta verdade, isto é, a imortalidade da alma eterna (Atman) e a natureza passageira do corpo físico (versos 11 a 30), Krishna recorda a Arjuna que um Xátria não deve vacilar ante uma batalha que se lhe apresenta sem que a tenha buscado (versos 21 e 32). Depois, mostra-lhe como a mais alta Verdade e o cumprimento do dever coincidem em sua oportunidade (versos 33 a 37). Agora procede ao ensinamento central do Gita.

38. Considera iguais o prazer e a dor, ganhar ou perder, a vitória ou a derrota, e prepara-te para a luta; procedendo assim, não cometerás pecado.
39. Pus diante de ti o sendeiro do Conhecimento (Samkhya); escuta agora sobre o sendeiro da ação (Ioga). Seguindo este sendeiro, livrar-te-ás da escravidão das ações.
40. Neste sendeiro, esforço algum é perdido, nem sobrevém qualquer desgraça. Mesmo um pouco desse reto sendeiro livrar-te-á do grande medo.
41. A atitude neste sendeiro, surgindo de um firme propósito, não é mais que uma; mas, para aqueles que não têm um propósito firme, as atitudes são múltiplas e sem fim.
42/44. Os ignorantes, que seguem à letra os Vedas, dizem que nada mais há; sensuais, tendo como meta o céu, pronunciam infladas palavras que prometem o nascimento como fruto da ação e se afirmam nos variados ritos que praticam para se obter gozos e poderes terrenos; buscando o prazer e o poder, suas palavras são despojadas de sentido, e não têm uma atitude firme que possa ser dirigida para a meta suprema.

Aqui se alude aos ritos védicos como opostos à doutrina da Ioga estabelecida no Gita. Os ritos védicos dispõem inumeráveis cerimônias e rituais com vista a obter méritos na terra e no céu. Estes, separados da essência dos Vedas e de pouca duração em seus resultados, não têm qualquer valor.

45. O domínio dos Vedas se circunscreve à ação das três Gunas[3]; afasta-te delas, ó Arjuna! Livra-te dos

pares de opostos, permanece na verdade eterna, despreza as ganâncias e possessões, sê o amo de tua alma.
46. Na medida em que um poço é útil quando uma inundação a tudo invade, na mesma medida são úteis os Vedas para um Brahman que possui o Conhecimento.
47. Somente a ação é tua obrigação, jamais seus frutos; que não seja teu objetivo o fruto da ação, mas a ação mesma não deves evitar.

Não deve haver um propósito egoísta por trás de nossas ações. Mas o desapego pelos frutos da ação não significa ignorá-los, desatendê-los ou repudiá-los. Estar desapegado não significa abandonar a ação porque o resultado esperado pode não ocorrer. Ao contrário, é uma prova da fé inamovível na segurança de que o resultado previsto virá em seu devido tempo.

48. Atua, ó Dhananjaya (Arjuna), sem apego, firme na Ioga, com a mente igual no êxito ou no fracasso. A equanimidade da mente é a Ioga.
49. Porque a ação, ó Dhananjaya, é muito inferior à ação desinteressada; busca refúgio na atitude de desapego. Desgraçados são os que buscam o fruto de suas ações.
50. Neste mundo, um homem dotado dessa atitude de desapego escapa ao fruto das ações, sejam boas ou más. Portanto, adere à Ioga. Ioga é a habilidade na ação.
51. Porque os sábios dotados da atitude de desapego, que renunciam ao fruto das ações, são liberados da escravidão do nascimento e alcançam um estado livre de todo mal.
52. Quando teu entendimento tiver atravessado o pântano da ilusão, então serás indiferente igualmente ao que ouviste e ao que ouvirás.
53. Quando teu entendimento, perturbado por ouvir em demasia, descansar firme e imutável na concentração, então terás alcançado a Ioga.

Arjuna disse:

54. Ó Keshava (Krishna), quais são os sinais do homem cujo entendimento é seguro, cuja mente está fixa na meditação? Como fala? Como se move?

O Senhor disse:

55. Ó Partha! Quando um homem põe de lado todos os anelos que surgem na mente e se reconforta somente no Atman (alma), então é chamado um homem de entendimento seguro.

Reconfortar-se no Atman significa buscar satisfação espiritual em nosso interior, não nos objetos exteriores que por sua própria natureza nos dão o prazer e a dor. Satisfação espiritual ou suprema felicidade (ananda) deve ser distinguida do prazer ou felicidade comuns. O prazer que posso obter possuindo riquezas, por exemplo, é enganoso; a verdadeira satisfação espiritual ou perfeita felicidade pode ser alcançada somente quando alguém se eleva acima das tentações, ainda que em meio às dificuldades e angústias da pobreza e da fome.

56. Aquele que não é perturbado pelos sofrimentos, e não deseja as alegrias, o que está livre das paixões, medo e ira, esse é chamado o asceta de entendimento seguro.
57. Aquele que não sente apego em parte alguma, o que não se alegra ou entristece, quer lhe sobrevenha um bem, quer um mal, o entendimento desse homem é seguro.
58. E quando, como a tartaruga que recolhe seus membros por todos os lados, esse homem afasta seus sentidos de todos os objetos, seu entendimento é seguro.

59. Quando um homem apaga seus sentidos, os objetos dos sentidos para ele desaparecem, mas não o desejo por eles; o desejo também desaparece quando ele contempla o Supremo.

Este verso não condena o jejum e outras formas de autocontrole, mas indica suas limitações. Estas formas de controle são necessárias para dominar o desejo pelos objetos dos sentidos, mas este somente é desarraigado quando se tem a visão do Supremo. O anelo mais alto vence todos os baixos anelos.

60. Porque, apesar dos esforços do homem sábio, ó Kaunteya, os sentidos incontrolados perturbam sua mente pela força.
61. Mantendo-os em xeque, a Ioga deve se assentar na dedicação a Mim; porque aquele que tem seus sentidos sob controle tem seu entendimento seguro.

Isto significa que, sem devoção e a conseqüente graça de Deus, o esforço do homem não é suficiente.

62. Do pensar muito sobre os objetos dos sentidos surge o apego a eles; o apego engendra o desejo, e o desejo engendra a ira.

Os desejos não podem conduzir senão ao ressentimento, porque são intermináveis e insatisfeitos.

63. A ira alimenta a decepção, a decepção leva à perda da memória, a perda da memória arruína a razão, e a ruína da razão significa a completa destruição.*
64. Mas a alma disciplinada, movendo-se entre os objetos dos sentidos, desligada de gostos e desgostos e mantendo-os sob seu controle, alcança a paz mental.

65. A paz mental significa o término de todo mal, pois o entendimento daquele cuja mente está em paz permanece seguro.
66. O homem indisciplinado não tem entendimento nem devoção; para aquele que não tem devoção, não há paz, e para o que não tem paz, como poderia haver felicidade?
67. Porque, quando sua mente corre atrás dos sentidos errantes, arrasta ao seu entendimento como o vento empurra um barco sobre as águas.
68. Portanto, ó Mahabahu (Arjuna), aquele que tem seus sentidos completamente refreados é o homem de entendimento seguro.
69. Quando para os demais seres é noite, a alma disciplinada está desperta; quando estão despertos os demais seres, é noite para o asceta dotado de visão.

Este verso mostra a divergência entre os sendeiros do asceta e do homem sensual. Enquanto que o asceta está morto para as coisas do mundo e vive em Deus, o homem sensual vive somente para as coisas do mundo e está morto para as coisas do espírito.

70. Aquele em quem todos os desejos se apaziguam, tal como as águas mergulham no oceano que sem transbordar as recebe, esse homem encontra a paz; não aquele que alimenta a seus desejos.
71. O homem que abandona todo anelo e atua sem interesses, livre do sentido do "eu" e do "meu", este alcança a paz.
72. Este é o estado, ó Partha, do homem que descansa em *Brahman*; tendo-o alcançado, ele se decepciona. O que permanece nesse estado até a hora da morte chega a se unir com *Brahman*.

Assim termina o segundo capítulo, intitulado "A Ioga do Conhecimento", no diálogo entre Sri Krishna e Arjuna sobre a ciência da Ioga como parte do conhecimento de Brahman, no Upanishad chamado o Bhagavad Gita.

Notas:
1 Xátria = guerreiro, uma das castas da antiga Índia. As principais eram: Brâmanes, Xátrias, Vaixás e Sudras.
2 Maharatha = alto grau militar.
3 Gunas = constituintes da matéria, segundo a filosofia Samkhya. As três Gunas (Sattva, Rajas e Tamas) representam os modos ou momentos do ser: inteligência, energia e massa. No plano mental, representam luminosidade ou clareza, ação ou agitação, inércia ou torpeza, respectivamente. No plano ético, Sattva denota pureza, Tamas denota impureza e Rajas oscila entre ambos.
Estes termos são aplicados na filosofia hindu para representar caracteres ou tendências dos seres humanos e das coisas, de sua atividade e de seu temperamento.
* A expressão que Gandhi verte por "ruína da razão" é, em sânscrito, *budhināsah*. Não se trata, portanto, da razão tal como a entende a filosofia ocidental, mas da iluminação espiritual, budhi, aquela que a alma adquire quando se eleva acima do Samsara e emancipa-se do tumulto ilusório produzido pelas "dez mil coisas". (NT)

Capítulo III

Pode-se dizer que este capítulo é a chave para a compreensão do Gita. Deixa claramente estabelecido o espírito e a natureza da ação correta, e mostra como o verdadeiro conhecimento deve se expressar em atos de serviço desinteressado.

Disse Arjuna:

1. Ó Yanardan, se sustentas que a atitude de desapego é superior à ação, por que então, ó Keshava, me empurras para essa terrível ação?

2. Pareces confundir meu entendimento com intrincadas palavras; portanto, diz-me com toda certeza onde está minha salvação.

> Arjuna mostra-se perplexo, porque enquanto por um lado é reprovado por sua covardia, por outro parece ser aconselhado a abster-se da ação (cap. II, 49/50).
> Mas em verdade não é assim, como se verá nos versos seguintes.

Disse o Senhor:

3. Falei-te antes, ó impecável!, das duas atitudes neste mundo: a dos Samkhyas pela Ioga do Conhecimento, e a dos Iogues pela Ioga da Ação.

4. O homem jamais se liberta da ação por não empreendê-la, nem alcança tal libertação pela mera renúncia à ação.

> "Libertar-se da ação" é libertar-se da escravidão das ações. Esta libertação não é alcançada pela cessação de toda atividade, além do que essa inatividade é impossível devido à natureza mesma das coisas (ver o verso seguinte). Como se pode alcançá-la, então? Os versos seguintes fornecem a explicação.

5. Porque nada pode permanecer inativo nem por um momento; tudo é impulsionado à ação pela força das três Gunas inerentes ao Prakriti[1].

6. Aquele que refreia os órgãos da ação, mas cuja mente permanece nos objetos dos sentidos, completamente enganado, esse é um hipócrita.

O homem que refreia sua língua, mas que mentalmente zomba do outro, é um hipócrita. Mas isto não quer dizer que devamos dar rédea solta aos órgãos da ação enquanto a mente puder ser controlada. O controle físico deve ser inteiramente auto-imposto e não superposto a partir de fora, como no caso do medo.

Este verso se refere ao homem que refreia seu corpo porque não pode deixar de fazê-lo, mas que dá rédea solta à mente e, se pudesse, fá-lo-ia também para o corpo. O verso seguinte inverte as coisas.

7. Mas aquele, ó Arjuna, que, mantendo todos os seus sentidos sob controle, se entrega à Ioga da ação sem apego, tal homem é superior.

A mente e o corpo devem caminhar de acordo. Ainda mantendo a mente controlada, o corpo estará ativo de uma maneira ou de outra. Mas aquele cuja mente está verdadeiramente controlada fechará seus ouvidos, por exemplo, às conversas indignas e os abrirá somente para escutar louvores a Deus ou aos homens de bem. Não deleitar-se-á em prazeres sensuais e manter-se-á sempre ocupado em atividades que enobreçam sua alma. Esse é o sendeiro da ação.

Karma Ioga é o meio de libertar a alma da escravidão do corpo, e nele não há lugar para a satisfação dos desejos.

8. Cumpre com o dever que te cabe, porque a ação é superior à inatividade; e a vida normal sequer seria possível na inação.
9. Este mundo dos homens encontra-se sujeito à escravidão das ações, exceto das que se fazem como

sacrifício; com este fim, ó Kaunteya, executa as ações sem apego.

"Ações como sacrifício" quer dizer atos de serviço desinteressado, dedicados a Deus.

10. Junto ao sacrifício (Yajna), o Senhor criou a humanidade, dizendo: "Por meio disto, multiplicar-vos-ei; que isto seja para vós o doador de todos os vossos desejos."
11. "Com isto podereis comprazer aos deuses, e eles vos comprazerão; assim, comprazendo-se uns aos outros, podereis obter o maior bem."
12. "Satisfeitos pelos sacrifícios, os deuses vos darão os dons desejados." O que desfruta dos dons recebidos sem nada oferecer por eles é um verdadeiro ladrão.

O termo "os deuses" nos versos 11 e 12 deve ser entendido como significando toda a criação de Deus. O serviço a todos os seres criados é o serviço aos deuses, e isto é o sacrifício.

Yajna (sacrifício) é uma palavra plena de beleza e poder. Portanto, com o aumento do conhecimento e da experiência, e com o passar do tempo, seu significado pode crescer e se transformar. Yajna literalmente significa culto; daí, sacrifício; daí, qualquer ato de sacrifício ou qualquer ato de serviço. E neste sentido, cada época pode e deve ter seu próprio Yajna particular. Porque a humanidade vive por meio de Yajna, sacrifício.

Yajna significa um ato dirigido ao bem-estar dos *outros*, feito sem receber ou desejar uma recompensa por ele, seja uma recompensa material ou espiritual. O termo "ato" deve ser tomado em seu mais amplo significado, incluindo pensamento e palavra, e o termo "outros" deve incluir não somente a humanidade, mas todos os seres vivos. Portanto, não será Yajna sacrificar animais, ainda que com a intenção de servir a humanidade...

45

Nesse sentido, o mundo não pode subsistir um momento sequer sem Yajna, e portanto o Gita, depois de se haver ocupado com a verdadeira sabedoria no segundo capítulo, trata no terceiro dos meios de obtê-la; e declara que o Yajna veio com a própria criação. Este corpo nos foi dado somente para que possamos servir a toda a criação com ele. E assim, diz o Gita, aquele que come sem oferecer Yajna, come alimento roubado.
"Ganharás o pão com o suor de teu rosto", diz a Bíblia. Os sacrifícios podem ser de muitos tipos, e um deles poderia ser ganhar o pão. Se todos trabalhassem para obter seu sustento, e não mais, haveria bastante alimento e ócio suficiente para todos. Então, não haveria gritos de superpopulação, nem enfermidades, nem a miséria que vemos ao nosso redor. Tal trabalho seria a mais elevada forma de sacrifício. Os homens poderão, sem dúvida, fazer muitas outras coisas com seus corpos e mentes, mas tudo deveria ser um trabalho de amor pelo bem-estar comum. Acaso não podem os homens ganhar seu pão com o trabalho intelectual? Não! As necessidades do corpo devem ser satisfeitas pelo corpo. "Dai a César o que é de César" talvez possa se aplicar aqui.

13. O homem reto que come os restos do sacrifício está livre de todo pecado, mas o malvado que cozinha somente para si mesmo come do pecado.
14. Do alimento surge a vida, da chuva nasce o alimento; do sacrifício vem a chuva, e o sacrifício é o resultado da ação.

Aqui se expressa a teoria do trabalho corporal, chamado por Tolstoi de "trabalho pelo pão" (*bread-labour*), que se converte em Yajna, ou sacrifício, quando é executado não-egoisticamente para outros. A chuva não provém de funções intelectuais, mas do mero trabalho corporal. É um fato bem estabelecido que a chuva cessa quando os bosques são despojados das árvores, e a chuva é atraída quando se plantam árvores, o volume da água aumentando com o aumento da vegetação. Quem pode saber todos os maus efeitos, morais e físicos, da cessação do trabalho corporal?

15. Sabe que a ação surge de Brahman, e Brahman do Absoluto; daí que Brahman, que a tudo interpenetra, esteja firmemente estabelecido no sacrifício.
16. Aquele que não segue a roda assim posta em movimento aqui embaixo, vivendo em pecado e saciando seus desejos, esse homem, ó Partha, viverá em vão.
17. Mas o homem que se deleita no Atman (alma), estando contido no Atman e satisfazendo-se somente com o Atman, para ele as ações não existem.
18. Para ele, não há interesse algum nas coisas que se fez ou se deixou de fazer, nem necessita ele depender de nada com fins pessoais.
19. Portanto, executa sempre sem apego o trabalho que deves fazer; porque realizando sem apego as ações, o homem alcança o Supremo.
20. Porque, somente por meio da ação, Janaka[2] e outros alcançaram a perfeição; ainda que para servir de guia para a humanidade, deves agir.
21. O que é feito pelo homem superior, é feito também pelos outros homens; o exemplo dado por ele é seguido pelo mundo.
22. Para Mim, ó Partha, não há nada que eu deva fazer nos três mundos, nada há digno de se obter que eu já não tenha obtido; todavia, estou sempre em ação.

Às vezes, surge a objeção de que, sendo Deus um ser impessoal, não é provável que realize nenhuma atividade física sem que se lhe possa supor uma atividade mental. Isto não é correto. Porque o incessante movimento do sol, da lua, da terra, etc., significa Deus em ação. Esta não é uma atividade mental, mas física. Embora Deus seja impessoal e não tenha forma, age como se possuísse forma e corpo. De

47

maneira que, mesmo estando Ele sempre em atividade, está livre das ações, não sendo afetado por elas.

O que devemos ter presente é que, assim como todos os movimentos e processos da Natureza são mecânicos, mas guiados pela Inteligência ou Vontade Divina, também o homem deve reduzir sua conduta diária a uma regularidade e precisão mecânica; mas deve fazê-lo inteligentemente. O mérito do homem consiste em observar o guia divino por trás de todos esses processos, em uma inteligente imitação dele, em vez de colocar a ênfase no processo mecânico e reduzir-se a um autômato. Deve-se separar sua alma, afastar-se do apego aos frutos de toda ação, e então, não somente terá assegurado uma precisão mecânica como segurança, contra todo desgaste. Agindo assim, o homem permanece são até o fim de seus dias. Seu corpo perecerá em seu devido tempo, mas sua alma permanecerá sempre jovem e sem rugas.

23. Porque se Eu não permanecesse sempre ativo, sempre desperto, ó Partha, os homens seguiriam meu caminho por todas as partes.

24. Se Eu não executasse minha tarefa, estes mundos seriam destruídos; Eu seria a causa do caos e do fim da humanidade.

25. Tal como o ignorante executa todas as ações com apego, também, ó Bharata, o sábio deve agir, mas com desapego, pelo bem-estar da humanidade.

26. O sábio não deve confundir a mente dos ignorantes que estão atados à ação; deve antes executar as ações com desapego e assim estimulá-los a fazer o mesmo.

27. Toda ação é feita inteiramente pelas Gunas de Prakriti. O homem, enganado pelo sentido do "eu", pensa: "Sou eu o fazedor".

28. Mas aquele que compreende, ó Mahabahu, a verdade das Gunas e de suas diversas atividades, sabe que são as Gunas que operam umas sobre as outras; ele não pretende ser o fazedor.

Tal como respirar, pestanejar e outros processos similares são automáticos, não pretendendo o homem ter influência sobre eles, sendo consciente desses processos somente quando a enfermidade ou outra causa os detém, da mesma maneira todas as suas atividades deveriam ser automáticas, no sentido de não arrogar-se a causa ou responsabilidade sobre elas. Um homem caridoso nem sequer sabe que está fazendo atos de caridade, está em sua natureza fazê-los, não pode evitá-los. Este desapego apenas pode provir de um esforço incansável e da graça de Deus.

29. Enganados pelas Gunas de Prakriti, os homens estão atados à atividade das Gunas; aquele que sabe a verdade das coisas não deve confundir os de pouco entendimento, que ainda não possuem o conhecimento.
30. Dirige todos os teus atos para Mim, com tua mente fixa no Atman. Sem qualquer pensamento nos frutos da ação, nem sentido de "meu", livra-te do temor e combate!

Aquele que conhece o Atman que habita seu corpo e o realiza como uma parte do Atman Supremo dedicará tudo a Ele, tal como um servo fiel age como a sombra de seu amo e lhe dedica tudo o que faz. Porque o amo é o verdadeiro fazedor, o servo não sendo mais que o instrumento.

31. Aqueles que sempre agem de acordo com as regras que estabeleci agora, com fé e sem ter de pensar muito, também estão livres da escravidão das ações.
32. Mas aqueles que criticam as regras e recusam a elas se conformar são néscios, mortos para todo conhecimento; saiba que eles estão condenados.
33. Mesmo o homem sábio age de acordo com sua natureza; todas as criaturas seguem sua própria natureza, de que adianta reprimi-la?

Isto não contradiz os ensinamentos do cap. II, versos 61 e 68. Autocontrole é o meio de salvação. As energias do homem devem ser dirigidas a obter um completo autocontrole até o fim de seus dias. Mas se não o conseguir, tampouco a repressão o ajudará. Este verso não descarta o controle, mas explica que a natureza prevalece. Mas aquele que se justifica, dizendo "não posso fazer isto, não está em minha natureza", esse interpreta mal este verso. A verdade é que não conhecemos nossa natureza, pois os hábitos não são a natureza. Progresso, não decadência; ascensão, e não descida, tal é a natureza da alma, e portanto deve-se resistir a toda ameaça de decadência ou descida.
O verso seguinte esclarece isso muito bem.

34. Cada sentido tem suas atrações e repulsões pelos objetos; o homem não deve cair sob o domínio destes, porque são seus inimigos.

Ouvir, por exemplo, é o objeto dos ouvidos e estes podem se sentir inclinados a escutar certas coisas e não outras. O homem não deve se permitir ser arrastado por essas simpatias e antipatias, mas deve decidir por si mesmo o que contribui para seu crescimento, sendo sua meta última alcançar o estado que se encontra além da felicidade e da desgraça.

35. É melhor cumprir com o próprio dever, ainda que sem méritos, do que com o dever de outro, ainda que seja perfeito; é melhor morrer cumprindo seu próprio dever; é perigoso seguir o dever de outro.

O dever de um homem pode ser servir a comunidade trabalhando como varredor, o de outro pode ser trabalhar como contador. O trabalho de um contador pode parecer mais atraente, mas isto não deve afastar o varredor de seu trabalho. Se ele se deixa arrastar, perder-se-á de si mesmo

50

e colocará a comunidade em perigo. O trabalho do homem será julgado por Deus conforme o espírito com que for realizado, e não pela natureza do trabalho, que não faz qualquer diferença. Aquele que age com um espírito de decisão se prepara para sua salvação.

Disse Arjuna:

36. O que é que empurra o homem para o mal, ó Varshneya (Krishna), ainda que contra sua vontade, como se fosse obrigado pela força?

Disse o Senhor:

37. É o desejo, é a ira, nascidos da Guna Rajas, que é a grande devoradora, a mais pecadora. Conhece-a aqui como inimiga do homem.
38. Tal como a chama é obscurecida pela fumaça, o espelho pela poeira e o embrião pelo âmnio, assim é o conhecimento obscurecido pelo desejo.
39. O conhecimento é obscurecido, ó Kaunteya, pelo eterno inimigo do sábio que, sob a forma de Desejo, é um fogo insaciável.
40. Diz-se que os sentidos, a razão e a mente são sua morada; por meio destes obscurece o conhecimento e entorpece o homem.

Quando o desejo se apodera dos sentidos, a mente se corrompe, a discriminação se obscurece e a razão se arruína (cap. II, versos 62 a 64).

41. Portanto, ó Bharatashabha, primeiro controla os sentidos e depois livra-te deste pecador, destruidor do conhecimento e da discriminação.

42. Diz-se que os sentidos são superiores (ao corpo); a mente é superior aos sentidos; a razão é superior à mente; mas ainda superior à razão é Ele (o Atman).

43. Assim, considerando que Ele é superior à razão, e controlando o ser pelo Ser (o Atman), destrói, ó Mahabahu, este inimigo — o desejo — tão difícil de dominar.

Quando o homem realiza seu Ser, sua mente estará sob seu controle e não dominada pelos sentidos. E quando se conquistou a mente, que poder tem o desejo? Por certo que é um inimigo sutil, mas uma vez que os sentidos, a mente e a razão estão sob o controle do Ser Supremo, o desejo se extingue.

Assim termina o terceiro capítulo, intitulado "A Ioga da Ação", no diálogo entre Sri Krishna e Arjuna sobre a ciência da Ioga como parte do conhecimento de Brahman, no Upanishad chamado o Bhagavad Gita.

Notas:
1 Prakriti = a matéria. Segundo a filosofia Samkhya, tudo quanto existe pode ser reduzido a dois princípios fundamentais: espírito (Purusha) e matéria (Prakriti). Estas duas categorias da existência são eternas, incriadas. Purusha é o princípio consciente, inativo; Prakriti é inconsciente, embora seja o princípio ativo de toda manifestação.
    Prakriti é constituída por três substâncias elementares: Sattva, Rajas e Tamas. São as Gunas, elementos inseparáveis que se combinam em diferentes proporções para formar os objetos materiais. Sattva corresponde ao princípio da inteligência, Rajas ao princípio da energia, Tamas ao princípio da massa ou inércia. As três Gunas estão sempre em atividade, cada uma tentando predominar sobre as outras; a natureza das coisas é determinada pelo predomínio de uma ou outra das Gunas.
    2 Janaka = rei-filósofo da antigüidade. Seu nome é símbolo da perfeita auto-realização junto a uma atividade incessante no mundo. Janaka reinava sem qualquer interesse egoísta, e sem o sentido pessoal de ser ele um rei.

Capítulo IV

Este capítulo dá uma explicação mais ampla do tema do terceiro e descreve várias classes de sacrifício.

Disse o Senhor:

1. Eu ensinei esta Ioga eterna a Vivasvat; este o comunicou a Manu, e Manu a Ikshvaku.
2. Assim foi transmitido em sucessão e os sábios reais o aprenderam; mas, com o passar do tempo, este ensinamento decaiu no mundo, ó Parantapa.

Esta é a genealogia espiritual do conhecimento. Significa que esta doutrina não foi ocasionada pela crise de Arjuna, mas que é uma lei de aplicação universal, transmitida desde tempos imemoriais "para o benefício das pessoas".

3. Esta mesma antiga Ioga, ensinei-te agora; porque és meu devoto e meu amigo, e porque este é o mistério supremo.

Disse Arjuna:

4. Nasceste depois que Vivasvat, Senhor meu. Como posso compreender que o ensinaste no princípio dos tempos?

Disse o Senhor:

5. Ambos, tu e Eu, passamos por muitos nascimentos, ó Arjuna; Eu conheço todas as minhas encarnações, tu não as conheces.
6. Ainda que não nascido e inesgotável em Minha essência, ainda que Senhor de todos os seres, controlando minha natureza, venho à existência por meio de Meus poderes misteriosos.
7. Sempre que o Bem decai e o Mal prevalece, então, ó Bharata, Eu venho à existência.

55

8. Para salvar aos bons, destruir os maus e restabelecer a retidão, Eu nasço através dos tempos.

Aqui temos consolo para o crente e a afirmação de que o Bem sempre prevalece. Há um eterno conflito entre o Bem e o Mal. As vezes, este último parece dominar, mas é o Bem que prevalece no fim. Os bons nunca são destruídos, porque o Bem — a Verdade — não pode perecer; os maus são destruídos, porque o Mal não tem uma existência independente. Sabendo isto, que o homem não se arrogue a autoridade e que se afaste do falso, da violência e do mal. A inescrutável Providência — o poder único do Senhor — está sempre ativa. Isto é, em realidade, Avatar, a encarnação. Estritamente falando, não pode haver nascimento para Deus.

9. Aquele que conhece o segredo de meu nascimento Divino e de minha obra, este não volta a nascer após deixar seu corpo; ele vem a Mim, ó Arjuna!

Porque quando um homem tem a certeza de que o Bem sempre prevalece, nunca se afasta dele e o segue até suas últimas conseqüências; e como nenhum de seus esforços procede de seu eu, mas todos são a Ele dedicados, sempre em união com Ele, é libertado do nascimento e da morte.

10. Livres da paixão, do medo e da ira, absortos em Mim, em Mim confiando, e purificados pelo ascetismo do conhecimento, muitos chegaram a unir-se a Mim.
11. Da maneira que os homens vêm a Mim, assim vou a eles. De todas as maneiras, ó Partha, o sendeiro que os homens seguem é o Meu.

Isto é, todo o universo está sob Suas ordens. Ninguém pode quebrar a lei de Deus impunemente. Colhemos o que semeamos. Esta lei opera inexoravelmente, sem temor ou condescendência.

56

12. Aqueles que desejam obter o fruto de suas ações, oferecem sacrifícios aos deuses; porque, no mundo dos homens, o fruto da ação logo é obtido.

Os deuses, como já se indicou antes, não devem ser tomados como os tradicionais seres celestes, mas como tudo o que reflete o Divino. Neste sentido, o homem também é um deus. O vapor, a eletricidade e outras forças da natureza são deuses. Render culto a estas forças dá resultados imediatos, como bem sabemos, mas são de curta duração. Não conseguem dar satisfação à alma e certamente não nos aproximam nem um passo da Salvação.

13. A ordem das quatro castas foi criada por Mim de acordo com as diferentes Gunas e o Karma de cada qual; mas sabe que, embora seja o autor delas, sendo Eu imutável, não sou o ator.

O Gita fala de castas (varnas) referindo-se às Gunas e ao Karma de cada qual, mas Gunas e Karmas são herdados por nascimento. A lei de castas não pode existir senão pelo nascimento. Mas aqui não há qualquer implicação de superioridade. O Bramanismo é a culminação de todas as castas, tal como a cabeça é a culminação do corpo. Significa a capacidade para um serviço superior, mas não uma posição superior. Desde o momento em que se arroga um status de superioridade, se converte em digna de ser pisoteada.

14. As ações não me afetam, nem estou interessado em seus frutos. Aquele que Me reconhece como tal não está encadeado pelas ações.

O homem tem diante de si o exemplo supremo do Um que, embora esteja em ação, não é o fazedor dela. E desde que somos instrumentos em Suas mãos, onde está a razão para nos arrogarmos a responsabilidade pelas ações?

57

15. Sabendo disto, e desejosos de liberdade, os homens de antanho executaram suas ações; faz como eles fizeram no passado.
16. Que é a ação? Que é a inação? Até os sábios ficam perplexos com isto. Ensinar-te-ei o que é a ação; sabendo-o, libertar-te-ás do mal.
17. Porque é conveniente saber o significado da ação, o das ações proibidas e também o da inação. Impenetrável é o segredo da ação.
18. Aquele que vê a inação na ação e a ação na inação, esse é um sábio entre os homens, ele é um Iogue, alguém que realizou tudo o que devia fazer.

> A "ação" daquele que, embora ativo, não pretende ser o fazedor, isso é inação; e a "inação" daquele que, embora evite externamente a ação, está sempre construindo castelos no ar de sua própria mente, isso é a ação. O homem sábio que decifrou o segredo da ação sabe que nenhuma ação procede dele, que tudo procede de Deus, e por isso ele permanece desinteressadamente absorto na ação. Esse é o verdadeiro Iogue.
> O homem que age cheio de interesse não compreende o segredo da ação e não pode distinguir entre o Bem e o Mal. O progresso natural da alma é para o não-egoísmo e a pureza e, portanto, poderíamos dizer que o homem que se afasta do sendeiro da pureza também se afasta do inegoísmo. Todas as ações do homem inegoísta são naturalmente puras.

19. Aquele cujas intenções estão livres do desejo e de propósitos egoístas, e que queimou todas as suas ações no fogo do conhecimento, a esse os sábios chamam um Pandit.

> *Pandit*, etimologicamente, significa alguém que alcançou a auto-realização. A palavra perdeu agora seu alto significado e é usada geralmente para indicar erudição.

20. Aquele que renunciou ao fruto das ações, que está sempre contente e livre de toda dependência, ainda que mergulhado na ação, não atua.

21. Sem esperar nada, mantendo sua mente e seu corpo sob controle, abandonando toda possessão e executando as ações somente com o corpo, não é maculado por elas.

O ato mais puro, se maculado pelo egoísmo, escraviza. Mas, feito com um espírito de dedicação, cessa de escravizar. Quando o egoísmo foi completamente dominado, somente o corpo trabalha. Por exemplo, em um homem adormecido, apenas seu corpo está trabalhando. Um prisioneiro que cumpre as tarefas da prisão entregou seu corpo às autoridades e, portanto, somente seu corpo trabalha. Da mesma maneira, aquele que voluntariamente se faz prisioneiro de Deus não faz nada por si mesmo. Seu corpo atua mecanicamente, o fazedor é Deus, não ele. Ele se reduziu a nada.

22. Contente com o que quer que a sorte lhe depare, livre dos pares de opostos, sem inveja, equilibrado no êxito e no fracasso, ele não se ata ainda que atue.

23. A alma libertada, que deixou todo apego, cuja mente está firmemente estabelecida no conhecimento e que age somente como sacrifício, essa extinguiu todo seu Karma.

24. O ato de sacrifício é Brahman; a oferenda é Brahman; e é por Brahman oferecida no fogo que é Brahman; assim, aquele cuja mente está fixada nas ações dedicadas a Brahman, este seguramente alcançará a Brahman.

25. Alguns Iogues realizam sacrifícios sob a forma de culto aos deuses; outros, oferecem o sacrifício de si mesmos no fogo que é Brahman.

26. Alguns oferecem o sentido da audição e os outros sentidos no fogo do controle; outros sacrificam

59

o som e os outros objetos dos sentidos no fogo dos sentidos.

O controle dos sentidos — a audição e os outros — é uma coisa, e dirigi-los para seus legítimos objetos, como escutar louvores a Deus, é outra; ainda que, finalmente, ambas cheguem ao mesmo ponto.

27. Outros sacrificam ainda todas as atividades dos sentidos e as energias vitais no fogo ióguico do autocontrole aceso pelo conhecimento.

28. Alguns oferecem sacrifícios com bens materiais; outros, com austeridade; outros, com Ioga; alguns com a aquisição e outros com a comunicação do conhecimento. Todos estes são sacrifícios de votos severos e sérios esforços.

29. Outros, absortos na prática do Pranayama, sacrificam o prana (exalação) no apana (inalação) e o apana no prana, ou controlam o passo de ambas as energias vitais.

Aqui se faz referência às classes de prática do controle da energia vital, ou Pranayama: puraka, rechaka e kumbhaka[1].

30. Há outros, ainda, que regulam seu alimento e sacrificam uma forma de energia vital a outra. Todos eles sabem o que é o sacrifício e se purificam de toda mácula por meio dele.

31. Aqueles que participam do sobrante do sacrifício — chamado Amrita (ambrosia) — alcançam o Brahman eterno. Este mundo não é para os que não oferecem sacrifícios, muito menos o outro mundo, ó Kurusattama!

32. Assim foram descritos vários sacrifícios nos Vedas; saiba que todos eles procedem da ação; sabendo disto, serás libertado.

"Ação" significa aqui o ato mental, físico e espiritual. Nenhum sacrifício é possível sem esta tríplice ação, e não há salvação sem sacrifício. Saber disto e executá-lo na prática é conhecer o segredo do sacrifício. Em resumo, a menos que o homem empregue toda sua capacidade física, mental e espiritual a serviço da humanidade, ele é um ladrão e está incapacitado para a Liberdade. Aquele que usa somente seu intelecto e não ocupa seu corpo não faz um sacrifício completo. A menos que a mente, o corpo e a alma trabalhem em uníssono, não podem ser empregados adequadamente a serviço da humanidade. A pureza física, mental e espiritual é essencial para um trabalho harmônico. Portanto, o homem deve concentrar-se em desenvolver, purificar e aperfeiçoar todas as suas faculdades.

33. O sacrifício do conhecimento é melhor que os sacrifícios materiais, ó Parantapa, porque toda ação que não escraviza encontra sua consumação no Conhecimento (Jnana *).

Quem não sabe que atos de caridade realizados sem conhecimento amiúde convertem-se em um grande dano? A menos que todo ato seja inspirado pelo conhecimento, por nobres que forem seus motivos, serão imperfeitos. Daí que a completa realização de toda ação esteja no Conhecimento.

34. Os mestres do conhecimento que alcançaram a Verdade instruir-te-ão sobre este Conhecimento; aprende-o com humildade, serviço e repetidas perguntas.

As três condições do conhecimento — reverência, repetidas perguntas e serviço — merecem ser levadas em conta nesta época. Reverência ou obediência significa humildade, e o serviço é seu acompanhante obrigatório; de outra maneira, seria uma falsa reverência. Repetidas perguntas são igualmente essenciais, porque sem um agudo espírito de investi-

61

gação não há conhecimento. Tudo isto pressupõe devoção e fé na pessoa que nos ensina. Não pode haver humildade, muito menos serviço, se não houver fé.

35. Quando tiveres alcançado este conhecimento, ó Pandava, não cairás de novo no erro; em virtude desse conhecimento, verás todos os seres sem exceção em ti mesmo e, portanto, em Mim.
36. Ainda que fosses o maior dos pecadores, atravessarias o oceano do pecado na barca do conhecimento.
37. Assim como o fogo reduz o combustível a cinzas, ó Arjuna, o fogo do conhecimento a cinzas reduz todas as ações.
38. Não há nada neste mundo que seja tão purificador quanto o Conhecimento. Aquele que se aperfeiçoa por meio da Ioga o encontra em si mesmo, em seu devido tempo.
39. O homem de fé é o que alcança o conhecimento, o homem de dedicação e que tem controle sobre seus sentidos; tendo alcançado o conhecimento, em pouco terá obtido a suprema paz.
40. Mas o homem que duvida, sem conhecimento e sem fé, está perdido; porque para aquele que duvida não existem nem este mundo nem o outro, e nem felicidade.
41. Aquele que renunciou a todas as ações por meio da Ioga, que cortou todas as dúvidas por meio do conhecimento, em posse de si mesmo, não é atado pelas ações, ó Dhananjaya.
42. Portanto, com a espada da auto-realização, corta todas as dúvidas que alimentam a ignorância, e que alojaram-se em teu coração. Recorre à Ioga e levanta-te, ó Bharata!

Assim termina o quarto capítulo, intitulado "A Ioga da Renúncia às Ações", no diálogo entre

Sri Krishna e Arjuna sobre a ciência da Ioga como parte do conhecimento de Brahman, no Upanishad denominado o Bhagavad Gita.

Notas:
1 Pranayama = controle de Prana ou energia vital. Segundo a filosofia da Ioga, o corpo físico funciona por meio da energia vital ou Prana, a qual tem cinco diferentes funções fisiológicas: *prana*, que atua na respiração; *apana*, que atua nos órgãos internos de excreção; *samana*, que atua no processo de digestão; *vyana*, no processo da circulação sangüínea, e *udana*, através da laringe. O Prana é um só, mas toma diferentes nomes segundo a função que desempenha. Pranayama não é o controle da respiração, mas o controle da energia vital que atua na respiração. Puraka é o movimento de inalação, *rechaka* é o de exalação e *kumbhaka* é a retenção do movimento, quer seja depois da inalação ou da exalação.

* Jnana (pronuncia-se jnhana) quer dizer "conhecimento", mas um tipo especial de conhecimento, que transcende o intelectual. É semelhante ao que os primeiros cristãos denominavam de gnose (que é, aliás, etimologicamente aparentada com jnana), e que Teódoto, um dos líderes gnósticos, definiu como a compreensão imediata de "quem éramos e quem nos tornamos, onde estávamos... para onde nos precipitamos; do que estamos sendo libertos; o que é o nascimento, e o que é o renascimento". (NT)

Capítulo V

Este capítulo é dedicado a demonstrar que a renúncia à ação como tal é impossível sem a disciplina da ação desinteressada, e que ambas são finalmente uma só.

Disse Arjuna:

1. Ó Krishna, elogiaste a renúncia às ações ao mesmo tempo em que elogiaste a execução das ações; diz-me com segurança qual é o melhor.

O Senhor disse:

2. Ambas, a renúncia e a execução das ações, conduzem à salvação; mas, das duas, a Ioga da ação é melhor que a renúncia (sannyasa). 3. Deves conhecer àquele que sempre renuncia como alguém que não tem simpatias ou antipatias, porque o que está livre dos pares de opostos é facilmente libertado da escravidão.

Isto é, não a renúncia à ação, mas ao apego pelos pares de opostos, é o que determina a verdadeira renúncia. Um homem que está sempre em ação pode ser um bom *Sannyasin* e outro que não está executando qualquer trabalho pode talvez ser um hipócrita. (Ver III, 6.)

4. Ignorante é aquele que fala de Samkhya e de Ioga como diferentes, mas não os que possuem o conhecimento. Aquele que está firmemente estabelecido em qualquer deles alcança o fruto de ambos.

Samkhya significa aqui o sendeiro do conhecimento, e Ioga é o sendeiro da ação desinteressada. O Iogue absorto no Samkhya (conhecimento) vive mesmo em pensamento para o bem-estar do mundo e alcança o fruto do Karma-Ioga pelo mero poder de seu pensamento. O karma-iogue, sempre absorto na ação desinteressada, atinge naturalmente a paz do jnana-iogue.

67

5. A meta que obtêm os samkhyas é também obtida pelos iogues. Aquele que vê a ambos, Samkhya e Ioga, como apenas um, esse vê verdadeiramente.
6. Mas a renúncia, ó Mahabahu, é muito difícil de alcançar sem a Ioga; o asceta equipado com a Ioga alcança Brahman prontamente.
7. O iogue que se purificou, que alcançou o controle de sua mente e de todos os seus sentidos, que chegou a se tornar um com o Atman em toda a criação, ainda que atuante, permanece sem ser afetado.
8. O iogue que viu a Verdade sabe que não é ele quem age enquanto vê, ouve, toca, cheira, come, caminha, dorme ou respira;
9. Conversa, deixa ir, sujeita, abre ou fecha seus olhos, tudo com a convicção de que são os sentidos que se movem em sua respectiva esfera de ação.

Enquanto perdura o "ego", esse desapego não pode ser obtido. Um homem sensual não pode se refugiar na pretensão de que não é ele e sim seus sentidos que atuam. Tal interpretação maliciosa demonstra uma vulgar ignorância do Gita e da reta conduta. O verso seguinte esclarece esse ponto.

10. Aquele que dedica suas ações a Brahman e as executa sem apego não é maculado pelo pecado, como as pétalas do lótus não são tocadas pela água.
11. Somente com o corpo, a mente, o intelecto e os sentidos, os Iogues executam as ações sem apego com o objetivo de se purificar.

"Somente com o corpo" significa sem o sentido do Eu. Um sonhador pode vagar por todo o mundo somente com a mente, um louco ou drogado pode agir somente com o corpo, um prodígio intelectual pode agir somente com o intelecto e um menino pode atuar somente com os sentidos. Mas em cada um desses casos o desapego não é um ato consciente, mas uma retirada acidental da Alma de seus agentes — mente, corpo, intelecto ou sentidos. Mas o iogue separa sua Alma, com pleno conhecimento, das operações de cada um destes e alcança o repouso do sonhador, a liberdade do louco, a abstração do prodígio e a inocência do menino. Eles agem por instinto, o iogue pelo conhecimento.

12. Um homem que pratica a Ioga obtém uma paz duradoura pelo abandono do fruto da ação; o homem ignorante da Ioga, egoisticamente apegado aos frutos, permanece atado.

13. Renunciando com a mente a todas as ações, o habitante deste corpo que é dono de si mesmo descansa feliz em sua cidade de nove portas, sem nada fazer ou obter.

As nove portas do corpo são os dois olhos, as duas narinas, os dois ouvidos, a boca e os dois órgãos de excreção — ainda que, verdadeiramente falando, os inumeráveis poros também sejam portas. Se o porteiro permanece sempre alerta e realiza sua tarefa deixando entrar ou sair somente os objetos que merecem ingressar ou egressar, então pode-se dizer dele que não toma parte no ingresso ou egresso, mas que é um observador passivo. Assim, ele nada faz e nada obtém.

14. O Senhor não criou nem o que atua nem a ação para o mundo; tampouco conectou a ação com seus frutos. É a natureza que trabalha.

Deus não é o fazedor. Prevalece a lei inexorável do Karma, e no cumprimento mesmo da lei — dando a cada um o que merece e fazendo colher o que se semeou — está a misericórdia e a justiça de Deus. Na justiça pura há misericórdia. A misericórdia que não está de acordo com a justiça não é misericórdia, e sim o oposto. Mas o homem não é um juiz que conheça o passado, presente e futuro. Assim,

para ele a lei é a inversa e a misericórdia é a mais pura justiça. Estando ele mesmo exposto a ser julgado, deve conceder aos outros o que se concede a si mesmo, isto é, o perdão.
Somente cultivando o espírito do perdão poderá alcançar o estado de um iogue a quem as ações não atam, um homem de mente balanceada, um homem hábil na ação.

15. O Senhor não se encarrega do vício ou da virtude de ninguém; é a ignorância que nubla o conhecimento e engana todas as criaturas.

O engano está no homem que, arrogando-se a faculdade de executar as ações, atribui a Deus suas conseqüências — castigo ou recompensas, conforme o caso.

16. Mas para aqueles cuja ignorância é destruída pelo conhecimento do Atman, seu conhecimento, como o Sol, revela o Supremo.
17. Aqueles cujo intelecto está impregnado com Aquele, cuja alma se uniu Àquele, que moram nAquele e cujo fim e meta é Aquele, apagam seus pecados com o conhecimento e vão para o lugar de onde não há retorno.
18. Os homens de auto-realização consideram iguais um brahmin culto e humilde, uma vaca, um elefante, um cão e ainda aquele que come cães.

Quer dizer, eles servem a todos igualmente, de acordo com as necessidades de cada um. Tratar igualmente um brahmin (a casta mais alta) e um "shwapaka" (casta inferior, que come cães), significa que o sábio chupará o veneno de uma mordida de cobra em um "shwapaka" com a mesma ansiedade e presteza com que o faria a um brahmin.

[Gandhi explicou este verso extensamente em uma reunião de trabalhadores, os quais, segundo ele, deveriam compreender o sentido de igualdade.]

"Não sou partidário de extinguir todas as diferenças. Quem poderia destruir as diferenças naturais? Acaso não há diferença entre um brahmin, um cão e um comedor de cães? Por certo que há diferenças entre eles, mas o homem que conhece a ciência da vida dirá que em essência não há diferença entre eles, como não há diferença entre um elefante e uma formiga, um selvagem e um sábio. Um selvagem pode estar assombrado perante um sábio; mas este último não deve sentir superioridade alguma.
"Há também outro ponto de vista para o caso. Todos somos iguais em um aspecto, isto é, na imperfeição. Fomos todos pintados com o mesmo pincel. Nenhum de nós é perfeito. Só o Senhor é Perfeito. E o ser humano está maculado pelo nascimento. Todos estamos maculados, em maior ou menor grau, se examinamos nosso ser interior. E todavia, a unidade interior interpenetra toda a vida. As formas são muitas, mas o Espírito que dá as formas é Um."

19. Aqueles cuja mente está ancorada na igualdade conquistaram o ciclo de nascimentos e mortes neste mesmo corpo; porque Brahman é o mesmo para todos, pelo que descansam em Brahman.

Assim como um homem pensa, assim chega a ser; portanto, aqueles cuja mente está empenhada em serem iguais para tudo, adquirem essa igualdade e chegam a unir-se com Brahman.

20. Aquele cujo entendimento é seguro, que não é enganado, que conhece Brahman e em Brahman descansa, não ficará contente por receber algo agradável, nem triste por obter algo desagradável.
21. Aquele que se desapegou dos contatos externos encontra a felicidade em Atman; tendo alcançado a união com Brahman, desfruta da felicidade eterna.

Aquele que afasta seu interesse dos objetos exteriores e os coloca em seu Ser interno está apto para a união com Brahman e para a mais alta felicidade. Retirar-se dos contatos exteriores e fundir-se na união com Brahman são dois aspectos do mesmo estado, as duas faces da mesma moeda.

22. Porque os gozos derivados dos sentidos não são mais que fonte de desgraça; têm um princípio e um fim, ó Kaunteya; o sábio neles não se deleita.

23. O homem que, ainda nesta terra e mesmo antes de ser libertado do corpo, é capaz de se manter contra a corrente do desejo e da ira, ele é um Iogue, ele é feliz.

Como um cadáver que não sente gosto ou desgosto, que não é sensível ao prazer ou à dor, assim aquele que em vida está como morto para eles, esse vive verdadeiramente e é verdadeiramente feliz.

24. Aquele que encontra a felicidade em seu interior, que repousa somente em sua vida interna, que tem a luz em seu interior, esse iogue, sendo um com a natureza, alcança a unidade com Brahman.

25. Obtêm a unidade com Brahman os sábios cujos pecados foram apagados, cujas dúvidas se resolveram, que alcançaram o controle sobre si mesmos e que estão absorvidos no bem-estar de todos os seres.

26. Livres do desejo e da ira, donos de si mesmos, os ascetas que realizaram o Atman, encontram a unidade com Brahman em todas as partes ao seu redor.

27/28. Tal asceta é sempre livre — tendo cortado o contato com os sentidos, senta-se com o olhar fixo entre as sobrancelhas; regula o movimento da inalação e da exalação; controla seus sentidos, mente e intelecto; livre de medo, desejos e ira; resolvido a alcançar a Liberdade.

Estes versos referem-se a algumas das práticas ióguicas estabelecidas nos Ioga-Sutras. É necessário fazer uma advertência com respeito a essas práticas. Têm para o iogue o mesmo propósito que a ginástica e o atletismo para os homens do mundo. Os exercícios físicos deste último o ajudam a manter seus sentidos em pleno vigor. As práticas ióguicas ajudam o iogue a manter seu corpo são e seus sentidos sob controle. Homens versados nestas práticas são raros nestes dias e poucos deles as empregam com bons fins. Aquele que alcançou a primeira etapa na autodisciplina, aquele que tem paixão pela Liberdade e que tendo se livrado dos pares de opostos conquistou o medo, pode muito bem dedicar-se a estas práticas, que seguramente lhe serão proveitosas. Somente esse homem disciplinado pode, por meio destas práticas, converter seu corpo em um templo para Deus. Pureza da mente e do corpo são absolutamente necessárias, sem elas estes processos podem desviar o homem e conduzi-lo ao abismo da decepção. Muitos sabem por experiência própria que este foi o resultado em muitos casos. Por essa razão, o príncipe dos Iogues, Patanjali, põe em primeiro lugar os Yamas (votos obrigatórios) e os Niyamas (votos voluntários), e sustenta que está apto para as práticas ióguicas somente aquele que passou por estas disciplinas preliminares.

Os cinco votos fundamentais (Yamas) são: não-violência, veracidade, não roubar, celibato, não possuir bens materiais. Os cinco votos voluntários (Niyamas) são: pureza externa e interna, contentamento, estudo das Escrituras, austeridade e devoção a Deus.

29. O Iogue alcança a paz quando Me reconhece como o que aceita os sacrifícios e a austeridade, o grande Senhor de todos os mundos, o Amigo de toda a criação.

Este verso pareceria estar em conflito com os versos 14 e 15 deste mesmo capítulo e com outros similares de outros capítulos. Não é assim. Deus Todo-Poderoso é ao mesmo tempo Fazedor e Não-fazedor, é Possuidor e Não-possuidor. Ele é indescritível, além do poder de nossas palavras. O homem tenta vislumbrar o que Ele é e para isso lhe confere diversos atributos, às vezes contraditórios).

Assim termina o quinto capítulo, intitulado "A Ioga da Renúncia", no diálogo entre Sri Krishna e Arjuna sobre a ciência da Ioga como parte do conhecimento de Brahman, no Upanishad denominado o Bhagavad Gita.

Capítulo VI

Este capítulo trata de alguns dos meios para a realização da ioga ou disciplina da mente.

Disse o Senhor:

1. Aquele que executa todos os atos obrigatórios sem depender de seus frutos é um Sannyasin e um iogue — tal não é o homem que descuida do fogo do sacrifício e que descuida das ações[1].

O fogo pode ser tomado aqui como significando todo possível instrumento da ação. O fogo era necessário quando se realizavam sacrifícios pelo fogo. Considerando que fiar era uma forma de trabalho universal nessa época, um homem que descuidasse da roca não poderia chegar a ser um Sannyasin.[2]

2. Saiba que aquilo que é chamado Sannyasa (renúncia) é a Ioga, ó Pandava; porque ninguém pode chegar a ser um iogue se não renunciou aos propósitos egoístas.

3. Para o homem que tenta escalar as alturas da Ioga, a ação é o meio; para o mesmo homem, quando já alcançou essas alturas, diz-se que o meio é a inação.

Aquele que limpou todas as impurezas e obteve uma mente balanceada alcançará facilmente a auto-realização. Mas isto não quer dizer que o que escalou as alturas da Ioga desdenhará trabalhar para guiar a humanidade. Pelo contrário, tal trabalho será para ele tão vital quanto o alento e também tão natural quanto respirar. Fá-lo-á pela simples força de sua vontade).

4. Quando um homem não está atado nem aos objetos dos sentidos nem às ações e se desprende de todo propósito egoísta, então diz-se que escalou as alturas da Ioga.

5. Por meio do Atman deve se elevar e não se permitir uma queda; porque o Atman é o amigo de si mesmo e também o inimigo de si mesmo[3].

6. O Atman é amigo para aquele que conquistou-se a si mesmo por meio do Atman; mas para aquele que não se dominou e que portanto está contra si mesmo, seu Atman será ainda seu inimigo.

7. Para aquele que se conquistou a si mesmo e que permanece em perfeita calma, seu ser está tranqüilo no frio e no calor, no prazer e na dor, na honra e na desonra.

8. O iogue que está satisfeito com a sabedoria e o conhecimento, firme como uma rocha, senhor de seus sentidos, e para quem um punhado de terra, uma pedra ou ouro são a mesma coisa, ele está em posse da Ioga.

9. É superior o que considera iguais o benfeitor, o amigo e o inimigo, o desconhecido, o indiferente e o aliado, assim como o santo e o pecador.

10. O iogue deve constantemente dedicar seu pensamento ao Atman, permanecendo só, em um lugar retirado, com seu corpo e sua mente sob controle, livre de desejos e posses.

11. Em um lugar limpo, deve preparar ele mesmo um firme assento, nem muito alto, nem muito baixo, coberto com uma esteira de palha (kusha), tendo por cima uma pele de gamo e, por cima, um lenço.

12. Sentando-se, com a mente concentrada, as funções do pensamento e dos sentidos sob controle, deve se aplicar à prática da Ioga com o objetivo de se purificar.

13. Mantendo-se firme, sustentando o tronco, o pescoço e a cabeça em uma linha reta e sem movimento, fixando os olhos na ponta do nariz sem olhar ao redor.

14. Com seu espírito tranqüilo, sem medo, firme em seu voto de brahmacharya, mantendo a mente sob controle, o iogue deve se sentar, com todos seus pensamentos em Mim, em Mim absorto.

<small>Brahmacharya, geralmente traduzido como celibato, significa não somente a continência sexual, como também observar todos os votos fundamentais (Yamas) para alcançar a Brahman.</small>

15. Desta maneira, o iogue, com a mente controlada, une-se ao Atman e obtém a paz que culmina no Nirvana, a paz que existe em Mim.

Nirvana não é a total extinção. Tal como pude compreender os fatos da vida do Buda, Nirvana é a extinção de tudo o que é baixo em nós, tudo o que é vicioso, tudo o que é corrompido e corruptível. Nirvana não é como a paz da tumba, mas uma paz vivente, a ditosa paz de uma alma consciente de si mesma e de haver encontrado seu próprio lugar no coração do Eterno. Esta morada no coração do Eterno é "Brahma-Nirvana".

16. A Ioga não é para aquele que come em demasia, nem para o que jejua demasiado, tampouco para o que muito dorme, nem para o que dorme pouco.
17. Para aquele que é moderado no alimento e no repouso, no esforço de suas atividades, no sono e na vigília, a disciplina da Ioga liberta de todo o mal.
18. Quando seu pensamento completamente controlado permanece firme no Atman, quando está livre de anelos pelos objetos do desejo, então esse é chamado de iogue.
19. Tal como a chama de uma lâmpada não vacila em um lugar sem vento, assim o iogue com seu pensamento controlado busca a união com o Atman.
20. Quando o fluxo do pensamento cessa completamente pela prática da Ioga, quando um homem se sente contente dentro de si mesmo, contemplando o Atman através de Atman;
21. Quando experimenta essa felicidade eterna que está além dos sentidos e que só pode ser compreendida pelo intelecto; quando, aí estabelecido, ele não se afasta da Verdade;
22. Quando considera que não há maior ganho do que o que ele ganhou, e quando, firmemente esta-

belecido, ele não é sacudido nem pelas maiores calamidades;

23. Tal estado deve ser conhecido como a Ioga (a união com o Supremo), a desconexão de toda união com a dor. Deve-se praticar esta Ioga com firme resolução e inesgotável fervor.

24. Sentindo-se completamente livre dos anelos nascidos de propósitos egoístas, refreando os sentidos em todas as direções e também a mente;

25. Com a mente regulada pela vontade, gradualmente deve obter a quietude, e estabelecido no Atman, não pensar em coisa alguma.

26. Sempre que a mente inconstante e intranqüila comece a vagar, deve ser refreada e posta sob o domínio do Atman.

27. Porque a paz suprema chega a este iogue que, aquietada a mente, caladas as paixões, alcançou a união com Brahman e está limpo de toda mácula.

28. O iogue limpo de toda mácula, que assim se une ao Atman, facilmente desfruta da felicidade eterna do contato com Brahman.

29. O homem estabelecido na Ioga a tudo olha com olhos imparciais, vendo o Atman em todos os seres, e todos os seres no Atman.

30. Aquele que em tudo vê a Mim, e que em Mim a tudo vê nunca se afasta de Mim, nem Eu dele.

31. O iogue que, ancorado na unidade, rende-Me culto como o morador de todos os seres, ele vive e move-se em Mim, não importa como viva ou se mova.

Enquanto subsiste o ego, o Eu Superior está ausente; quando o ego se extingue, se vê o Eu Superior em todas as partes.

32. Aquele que, igualando-se aos demais, considera o prazer e a dor para os demais igual a para si mesmo, esse é estimado como o melhor dos Iogues.

80

Disse Arjuna:

33. Não vejo, ó Mahusudana, como esta ioga da equanimidade que me ensinaste pode ser permanente, porque a mente é volúvel.
34. A mente é inconstante, ó Krishna, indômita, obstinada e dominante; refreá-la é tão difícil quanto refrear o vento.

Disse o Senhor:

35. Sem dúvida, ó Mahabahu, a mente é volúvel, difícil de refrear; todavia, ó Kaunteya, pode ser posta sob controle por meio de uma prática constante e pelo desapego.
36. Sem autocontrole, a Ioga é difícil de alcançar; mas a alma disciplinada pode obtê-lo se para isso se esforçar com os meios apropriados.

Disse Arjuna:

37. Que acontece, ó Krishna, àquele que tem fé mas carece de esforço, cuja mente se extravia e não alcança a perfeição da Ioga?
38. Sem um pé firme e tropeçando no sendeiro de Brahman, caindo de ambos, não está ele perdido, ó Mahabahu, qual uma nuvem que se desvanece?
39. Dissipa completamente esta minha dúvida, ó Krishna; porque ninguém senão Tu pode dirimi-la.

Disse o Senhor:

40. Nem neste mundo nem no outro pode haver destruição para ele, ó Partha; porque aquele que faz o bem, ó filho meu, jamais tem um mau fim.

41. Desviado da Ioga, esse homem vai para o mundo das almas justas e, permanecendo ali durante inumeráveis anos, torna a nascer em uma casa de gente pura e boa.

42. Ou pode renascer em uma família de Iogues, ainda que um nascimento como este seja muito difícil neste mundo.

43. Ali recupera o estado intelectual adquirido em sua vida anterior, ó Kurunandana, e de novo se esforça para a perfeição.

44. Em virtude de suas práticas anteriores, volta a nascer, queira ou não; ainda quem somente deseja conhecer a Ioga vai além dos ritos védicos.

45. Mas o Iogue que persevera em seu esforço, livre de pecado, aperfeiçoado através de muitos nascimentos, alcança o estado mais elevado.

46. O Iogue é considerado superior ao asceta; também é considerado superior ao homem de conhecimento, e superior ao homem absorto em rituais; portanto, sê tu um Iogue, ó Arjuna!

Asceta, aqui, significa um homem que pratica austeridades tendo em vista os frutos de sua ação; homem de conhecimento não quer dizer um Jnani que realizou a Verdade, mas um homem de erudição.

47. E entre todos os Iogues, aquele que Me rende culto com fé, com seu ser interior em Mim absorto, é por Mim considerado como o melhor de todos os Iogues.

Aqui termina o sexto capítulo, intitulado "A Ioga da Meditação", no diálogo entre Sri Krishna e Arjuna sobre a ciência da Ioga como parte do conhecimento de Brahman, no Upanishad chamado o Baghavad Gita.

Notas:

1 Sannyasin = renunciante, nome dado aos monges hindus. A palavra Sannyasa significa perfeito abandono (San = perfeito; Nyasa = abandonar, renunciar a). Os sannyasins abandonaram completamente todas as ataduras familiares, deveres profissionais e posses materiais. Usam vestimentas alaranjadas, a cor da chama do fogo, para simbolizar que queimaram todos os desejos no fogo da renúncia.

2 Fiar a roca foi o símbolo da não-cooperação na luta pela independência da Índia. Gandhi popularizou o uso do khadi, tela tecida em teares caseiros com algodão fiado na roca, e recomendou o boicote às telas inglesas. Isto foi um duro golpe para a economia da Inglaterra, que viu se fechar um dos melhores mercados para sua indústria têxtil.

Ainda hoje em dia, o presidente da Índia vai ao monumento a Gandhi para celebrar seu aniversário e, acompanhado de altos dignatários do governo, fia a roca simbolicamente durante uma hora.

3 Atman = o princípio espiritual do ser humano, alma, Eu Superior.

Capítulo VII

Neste capítulo começa uma exposição sobre o que é a realidade e o segredo da devoção.

Disse o Senhor:

1. Escuta, ó Partha, como, com a mente afiançada em Mim, praticando a Ioga e de Mim fazendo o único refúgio, chegarás sem dúvida a me conhecer plenamente.
2. Dar-te-ei esse conhecimento em sua integridade, junto com o saber discriminativo, o qual, uma vez alcançado, não deixar-te-á mais nada por conhecer.
3. Entre milhares de homens, apenas um se esforça por alcançar a perfeição; e entre os que se esforçam, apenas um chega a me conhecer em essência.
4. Terra, Água, Fogo, Ar, Éter, Mente, Intelecto e Ego, estas são as oito categorias em que está dividida minha Prakriti.

Esta divisão em oito de Prakriti é substancialmente a mesma descrita como o campo no capítulo XIII, 5, e como o Ser perecível no cap. XV, 16.

5. Este é Meu aspecto inferior; conhece Meu outro aspecto, o superior, que é Jiva (a essência vital), pelo qual se mantém este universo, ó Mahabahu.
6. Saiba que estes dois aspectos formam a fonte de onde todos os seres surgem; Eu sou a origem e o fim do universo inteiro[1].
7. Nada há que seja superior a Mim, ó Dhananjaya; tudo isto existe em Mim como as gemas engastadas em um colar.
8. Da água sou o sabor, ó Kaunteya; do sol e da lua, sou a luz; a sílaba AUM em todos os Vedas[2]; o som no éter, a virilidade no homem.
9. Eu sou a suave fragrância da terra; o brilho do fogo; a vida em todos os seres e a austeridade dos ascetas.
10. Conhece-me, ó Partha, como a semente original de todos os seres; Eu sou a razão nos seres racionais, e o esplendor do esplêndido.

11. No forte, sou a força, livre do desejo e da paixão; nos seres, sou o desejo unido à retidão.

12. Saiba que todas as manifestações das três Gunas (Sattva, Rajas e Tamas) procedem somente de Mim; todavia, Eu não estou nelas: elas estão em Mim.

Deus não depende das Gunas, elas dependem Dele. Sem Ele, todas estas diversas manifestações seriam impossíveis.

13. Confundido por estas manifestações das três Gunas, o mundo inteiro não consegue reconhecer-me como o Imperecível que as transcende.

14. Porque este ilusório mistério Divino, constituído pelas três Gunas, é muito difícil de penetrar; mas os que fazem de Mim seu único refúgio conseguem penetrá-lo.

15. Os ignorantes, malfeitores, o mais baixo dentre os homens, não buscam refúgio em Mim; porque devido a este ilusório mistério, eles estão privados de conhecimento e seguem o caminho do mal.

16. Entre os homens virtuosos que são meus devotos, ó Arjuna, há quatro tipos: o aflito, o que busca os bens materiais, o que busca os bens espirituais e o iluminado.

17. Destes, o iluminado, sempre a Mim unido por uma total devoção, é o melhor; porque para o iluminado Eu sou o mais amado, e ele é o mais amado por Mim.

18. Todos estes são, certamente, valiosos; mas o iluminado é como Meu próprio ser; porque ele, um verdadeiro iogue, estabeleceu em Mim somente a meta suprema.

19. Ao fim de muitos nascimentos, o homem iluminado busca refúgio em Mim; muito raras são as grandes almas para as quais "Vasudeva é tudo"[3].

20. Os homens, privados de conhecimento devido a diferentes anelos, buscam refúgio em outros deuses

e põem sua fé em diversos ritos, guiados por sua própria natureza.
21. Qualquer que seja a forma de culto que um devoto segue com plena fé, Eu asseguro sua fé nesse culto.
22. Dotado dessa fé, ele tenta propiciar a seus deuses e obtém o que deseja; mas em verdade é por Mim que ele alcança suas graças.
23. Mas o fruto obtido por estes homens de pouca visão é limitado; os que adoram os deuses, aos deuses vão; os que a Mim adoram, vêm a Mim.
24. Sem conhecer Minha natureza suprema, transcendente e imperecível, os faltos de discernimento crêem que Eu, o Imanifestado, manifestei-me.
25. Coberto pelo ilusório mistério criado por Meu poder único, Eu não me manifesto a todos; este mundo aturdido não sabe que sou o não-nascido, imutável.

Tendo o poder de criar o mundo dos sentidos e, todavia, não sendo por ele afetado, Ele é descrito como tendo um poder único ("Yogamaya", o ilusório mistério, é ao mesmo tempo o misterioso processo que engendra e mantém o universo, e a ilusão cósmica ou ignorância da alma).

26. Eu conheço, ó Arjuna, a todas as criaturas, no passado, presente e futuro; mas ninguém conhece a Mim.
27. Todas as criaturas neste universo estão perplexas, ó Parantapa, devido ao engano dos pares de opostos que surgem das simpatias e antipatias.
28. Mas aqueles homens virtuosos cujos pecados chegaram a seu fim, livres do engano dos pares de opostos, com fé firme Me rendem culto.
29. Aqueles que se esforçam por se libertar da velhice e da morte buscando refúgio em Mim, conhecem plenamente a Brahman, Adhyatma e todos os Karmas.
30. Aqueles que Me conhecem, incluindo Adhibhuta, Adhidaiva e Adhiyajna, possuindo uma mente

balanceada, eles Me conhecem mesmo no momento da morte.

Os termos com maiúsculas, que não podem ser traduzidos, são explicados no capítulo seguinte. O sentido é que cada rincão e greta do universo está pleno de Brahman, que Ele é a única origem de todas as ações e que o homem que está imbuído desse conhecimento e com essa fé se consagra completamente a Ele, com Ele chega a se unir no momento da morte. Todos seus desejos extinguiram-se na visão Dele, e alcançou a liberdade.

Assim termina o sétimo capítulo, intitulado "A Ioga do Conhecimento", no diálogo entre Sri Krishna e Arjuna sobre a ciência da Ioga como parte do conhecimento de Brahman, no Upanishad chamado o Baghavad Gita.

Notas:
1 Estes dois aspectos correspondem a Purusha e Prakriti, os dois princípios fundamentais em que se baseia a filosofia Samkhya. Ver nota 1 do cap. III.
2 AUM (OM) = a Palavra Sagrada, o Logos, símbolo do Ser Supremo além das formas e nomes, além de toda manifestação.
3 Vasudeva = um dos nomes de Krishna.

Capítulo VIII

O caráter do Supremo é mais extensamente explicado neste capítulo.

Disse Arjuna:
1. Que é *Brahman*? Que é *Adhyatma*? Que é *Karma*, ó Purushottama? A que se chama *Adhibhuta*? E que é *Adhidaiva*?
2. E quem é *Adhiyajna*, aqui neste corpo, e como é? E como, na hora da morte, Tu és conhecido pelo homem controlado?

Disse o Senhor:
3. O Supremo, o Imperecível, é Brahman; sua manifestação é Adhyatma; o processo criador pelo qual todos os seres são criados é chamado Karma.
4. Adhibhuta é Minha forma perecível; Adhidaiva é o ser individual nessa forma; e Adhiyajna, ó o melhor dentre os homens, sou Eu neste corpo purificado pelo sacrifício.

Isto é, desde o Imperecível Imanifestado até o átomo perecível, todo o universo é o Supremo e uma expressão do Supremo. Por que, então, o homem se arroga a origem de suas ações em vez de fazer Sua Vontade e dedicar todos seus atos a Ele?[1]

5. E aquele que no último momento, ao deixar o corpo, recorda a Mim, somente a Mim, em Mim penetra; sobre isto, não resta dúvida.
6. De qualquer forma que o homem medite continuamente, essa forma é recordada na hora da morte, e para essa forma ele vai, ó Kaunteya.
7. Portanto, recorda-me a todo momento, e luta; assim, com tua mente e intelecto fixos em Mim, seguramente a Mim virás.

93

8. Com o pensamento aquietado por uma prática constante, sem divagações, aquele que medita no Ser Supremo, ó Partha, para ele se dirige.

9/10. Aquele que na hora da morte, com a mente tranqüila, com devoção e fixando o prana exatamente entre as sobrancelhas pelo poder da Ioga, medita no Sábio, o Antigo, o Governante, mais sutil que o sutilíssimo, o Fundamento de tudo, o Inconcebível, mais glorioso que o sol, ele vai para esse Supremo Ser Celestial.

11. O que os conhecedores dos Vedas chamam o Imperecível (ou essa palavra que os conhecedores dos Vedas repetem), no qual penetram os ascetas, livres de suas paixões e, desejando-o, praticam Brahmacharya, essa Meta (ou Palavra) explicar-te-ei em breve.

12. Fechando todas as portas, encerrando a mente no coração[2], fixando o prana dentro da cabeça, absorto na meditação ióguica.

13. Aquele que deixa seu corpo pronunciando AUM — Brahman em uma sílaba —, pensando repetidamente em Mim, este alcança o estado mais elevado.

14. Esse iogue facilmente chega a Mim, ó Partha, por estar sempre unido a Mim, constantemente pensando em Mim com toda sua mente.

15. As grandes almas, tendo vindo a Mim, alcançam a mais elevada perfeição; não voltam a renascer nesta perecível morada de sofrimento.

16. Desde o mundo de Brahma (o Criador), todos os mundos estão sujeitos ao retorno, ó Arjuna; mas vindo a Mim não há retorno.

17. Estes homens certamente sabem o que é Dia e o que é Noite, pois sabem que um dia de Brahma dura mil Yugas, e que sua noite também dura mil Yugas[3].

> Isto é, que nosso dia e nossa noite de doze horas cada são menos que uma fração infinitesimal do vasto ciclo do tempo. Os prazeres perseguidos durante estes momentos

incalculavelmente pequenos são um espelhismo. Melhor que desperdiçar estes breves momentos, deveríamos dedicá-los a servir a Deus por meio do serviço à humanidade. Por outro lado, nosso tempo é como uma gota no oceano da eternidade; portanto, se falhamos em nosso propósito, isto é, na auto-realização, não devemos desesperar. Devemos esperar nossa hora.

18. No começo do Dia, todo o universo manifestado surge do Imanifestado, e no começo da Noite, tudo se dissolve nesse mesmo Imanifestado.

Sabendo disto, o homem deve compreender que tem muito pouco poder sobre as coisas. O ciclo do nascimento e morte é contínuo, incessante.

19. Esta multidão de seres vem à vida, ó Partha, uma e outra vez; dissolvem-se ao chegar a Noite, queiram ou não; e no começo do Dia tornam a nascer.
20. Mas, acima desse Imanifestado, há outro Ser Imanifestado, eterno, que não perece quando todas as criaturas perecem.
21. Este Imanifestado, chamado o Imperecível, é considerado como a meta mais elevada; para aqueles que a alcançam, não há renascimento. Essa é Minha morada mais alta.
22. Este Ser Supremo, ó Partha, pode ser alcançado por uma devoção integral; Nele habitam todos os seres, tudo está compenetrado por Ele.
23. Agora dir-te-ei, Bharatarshabha, as condições que determinam a libertação do retorno dos Iogues, como também seu retorno, depois da morte.
24. Fogo, Luz, Dia, a Quinzena luminosa (a lua crescente), os seis meses do Solstício norte, os que morrem durante estes, conhecendo a Brahman, a Brahman vão.
25. Fumaça, Noite, a Quinzena escura (a lua min-

guante), os seis meses do Solstício sul, através destes os Iogues alcançam o plano da Lua e dali retornam.

> Não compreendo o significado destes versos. Não me parecem estar de acordo com os ensinamentos do Gita. Este ensina que quem tiver seu coração humilde e devoto, dedicando-se à ação desinteressada, e tendo visto a Verdade, alcança a salvação, não importa em que momento morra. Estes versos pareceriam contradizê-lo. Talvez possam ser interpretados de uma maneira geral significando que um homem de sacrifício, um homem iluminado que conhece a Brahman, é libertado do nascimento se mantiver a iluminação no momento da morte; e que, pelo contrário, o homem que não tem qualquer desses atributos vai para o plano da Lua — que não é duradouro — e volta a nascer. A Lua, além de tudo, brilha com uma luz emprestada.[4]

26. Estes dois sendeiros — o luminoso e o escuro — são considerados como os dois sendeiros eternos do mundo: por um, o homem vai para não retornar; pelo outro, ele volta a retornar.

> O sendeiro luminoso pode ser interpretado como o sendeiro do conhecimento, e o escuro como o sendeiro da ignorância.

27. O Iogue que conhece estes dois sendeiros não cai no engano, ó Partha; portanto, a todo momento, ó Arjuna, permanece firme na Ioga.

> "Não cai no engano" significa que aquele que conhece os dois sendeiros e alcançou o segredo de uma mente equilibrada não tomará o sendeiro da ignorância.

28. Qualquer que seja o fruto das boas ações provenientes do cumprimento dos Vedas, dos sacrifícios,

austeridades e atos de caridade, tudo isto é transcendido pelo Iogue que o sabe, e ele alcança o Supremo, a Morada Primordial.

Aquele que alcançou uma mente equilibrada por meio da devoção, conhecimento e serviço, não só obtém o fruto de seus bons atos, como também alcança a salvação.

Assim termina o oitavo capítulo, intitulado "A Ioga de Brahman", no diálogo entre Sri Krishna e Arjuna sobre a ciência da Ioga como parte do conhecimento de Brahman, no Upanishad chamado o Bhagavad Gita.

Notas:
1 Gandhi resumiu em seu breve comentário a essência destes termos para aqueles que não se interessam pelo aspecto técnico de seu significado. Estes versos descrevem todo o processo pelo qual o Absoluto chega ao plano da manifestação e regressa depois ao plano do Absoluto. 1) Primeiro está o Impessoal, Imanifestado, Incondicionado, Absoluto; 2) decide revelar-se em um de Seus aspectos — em Prakriti, a matéria imanifestada — aqui chamado *Adhyatma*; 3) Prakriti entra em atividade pela ação das Gunas, e esta atividade é chamada *Karma* (trabalho, ação); 4) o passo seguinte neste processo são as inumeráveis manifestações da matéria, aqui chamadas *Adhibhuta*; 5) então, o Absoluto se converte no condicionado, como o Ego destas formas, e isto é chamado *Adhidaiva*; 6) o Absoluto incondicionado tem a potencialidade para recuperar seu prístino estado de incondicionado e o processo chega à sua culminância na dissolução do corpo físico e a identificação do condicionado com o Incondicionado, do manifestado com o Imanifestado.

2 Coração (hridaya) = a região dentro do peito onde se experimentam as emoções.
3 Yuga = época ou idade. Os hindus dividem o tempo em quatro épocas ou idades, cada uma de diferente duração: Kritayuga, de 4.000 anos; Tretayuga, de 3.000 anos; Dwaparayuga, de 2.000 anos, e Kaliyuga, de 1.000 anos. A isto há que se somar um período de transição de 2.000 anos entre estas idades, o que perfaz um total de 12.000 anos. Mas estes são anos dos deuses! Os dois solstícios (de inverno e de verão, ou sul e norte, como são chamados no Gita) constituem o dia e a noite dos deuses, assim 360 anos humanos perfazem um ano divino. Um yuga dos deuses, constituído pelas 4 yugas mencionadas, daria um total de 4.320.000 anos humanos. Quando as 4 yugas tiverem se repetido mil vezes, terão constituído um dia de Brahman; igual período corresponde a uma noite de Brahman. O dia de Brahman é chamado Kalpa, que é a duração de uma criação. Assim, "dia de Brahman" significa o tempo da evolução ou manifestação do universo; e "noite de Brahman" significa a involução ou reabsorção do universo no Imanifestado. Para alguns, isto pode parecer um pouco exagerado. Mas recordemos as palavras de Max Planck, o grande físico: "A razão nos diz que o homem individual e a humanidade como um todo, junto com o universo que captamos com nossos sentidos, não são mais que um pequeno fragmento na imensidão da Natureza, cujas leis não são afetadas de maneira alguma pelo cérebro humano. Pelo contrário, elas existi-

ram muito antes que houvesse vida na Terra, e continuarão existindo muito depois que o último físico tiver perecido."
Por outro lado, os modernos antropólogos reconhecem que a evolução do ser humano talvez tenha começado há uns 150.000 anos.

4 Há uma grande diferença de opiniões a respeito da interpretação verbal destes versos, e muito maior quanto a seu significado. De acordo com alguns, a palavra sânscrita *kala*, no verso 23, não significa "tempo" mas "sendeiro", aquele pelo qual a alma segue após a morte; isso está de acordo com as palavras sânscritas *gati* e *sriti*, usadas nos versos 26 e 27 com o significado de "sendeiro".

Gandhi traduz *kala* como "condições" no verso 23, para incluir ambos os significados.

Diz-se que Fogo, Luz, Dia, Fumaça, Escuridão, Noite, etc., podem significar as deidades que presidem ao tempo. "O plano da Lua", para onde vão os que seguem o sendeiro escuro, corresponde a nosso conceito de céu ou paraíso. Os que fazem sacrifícios aos deuses e outras obras de caridade com fins interessados vão para o céu por algum tempo e devem voltar a nascer. Os que seguem o sendeiro luminoso do caminho de Brahman unem-se a Ele e não voltam a nascer.

Capítulo IX

Este capítulo revela a glória da devoção.

Disse o Senhor:

1. Agora revelarei a ti, que não criticas, este conhecimento misterioso junto com o saber discriminativo que te libertará de todo o mal.

2. Esta é a rainha das ciências, o rei dos mistérios, puro e soberano, objeto de compreensão direta, a essência do Dharma, fácil de praticar, imutável.

3. Os homens que não têm fé nesta doutrina, ó Parantapa, longe de vir a Mim, voltam repetidamente ao sendeiro do mundo da morte.

4. Todo este mundo está compenetrado por Mim, em minha forma imanifestada; todos os seres estão em Mim, Eu não estou neles.

5. E, todavia, estes seres não estão em Mim. Esse é, realmente, Meu poder único como Senhor! Sendo o Fundamento de todos os seres, Eu não estou neles; Meu Ser os traz à essência.

Neste mistério, neste milagre, reside o poder soberano de Deus: todos os seres estão Nele e, contudo, Nele não estão; Ele está neles e, contudo, neles não está. Esta é a descrição de Deus na linguagem dos homens mortais. De fato, Ele ajuda aos homens revelando-lhes Seus aspectos por meio de toda espécie de paradoxos. Todos os seres estão Nele, porquanto toda criação é sua; mas como Ele a tudo transcende e realmente não é o autor de tudo, pode-se dizer igualmente que os seres não estão Nele. Ele está realmente em todos os seus devotos verdadeiros, e Ele não está, segundo eles, nos que o negam. Que é isto senão um mistério, um milagre de Deus?

6. Como o forte vento que se move por todas as partes está sempre contido no espaço, assim todos os seres estão contidos em Mim.

7. Todos os seres, ó Kaunteya, se dissolvem em meu Prakriti ao final de um Kalpa[1], e Eu dou-lhes existência novamente quando outro Kalpa começa.
8. Recorrendo a Meu Prakriti, dou existência uma e outra vez a esta multidão de seres, impotentes sob o domínio de Prakriti.
9. Mas toda esta atividade, ó Dhananyaja, não Me ata; permaneço indiferente, de tudo desapegado.
10. Comigo como Testemunha Dirigente, Prakriti dá nascimento a tudo o que se move e ao que não se move; por causa disto, ó Kaunteya, a roda do mundo se mantém em movimento.
11. Sem conhecer Minha natureza transcendente como Senhor soberano de todos os seres, os ignorantes negam-Me encarnado como um homem.

Porque eles negam a existência de Deus e não o reconhecem como o Dirigente no corpo humano.

12. Vãs são as esperanças, as ações e o conhecimento desses néscios que participam da enganosa natureza de monstros e demônios.
13. Mas as grandes almas que participam da natureza divina, ó Partha, conhecem-Me como a Fonte Imperecível de todos os seres e Me rendem culto com uma mente totalmente a Mim dedicada.
14. Sempre glorificando-me e se esforçando, com fé firme, eles Me rendem homenagem com devoção; sempre dedicados a Mim, Me adoram.
15. Contudo, há outros que com o sacrifício que é conhecimento Me rendem culto como ao Uno ou como diferente ou como múltiplo, a Mim que devo ser visto em todas as partes.
16. Eu sou o voto do sacrifício; Eu sou o sacrifício; Eu sou a oferenda ancestral; Eu sou o vegetal; Eu sou a fórmula sagrada (Mantra); Eu sou a manteiga purifi-

cada (usada nos sacrifícios); Eu sou o fogo e Eu sou oferenda que se consome.
17. Eu sou o Pai, a Mãe, o Criador e o Antepassado deste universo; Eu sou o que deve ser conhecido, a sagrada sílaba AUM; o Rig-Veda, o Sama-Veda e o Yajur-Veda.
18. Eu sou a Meta, o Fundamento, o Senhor, a Testemunha, a Morada, o Refúgio, o Amigo; a Origem, o Fim, a Conservação, o Tesouro, a Semente Imperecível.
19. Eu dou o calor; Eu sujeito e derramo a chuva; Eu sou a imortalidade, e também sou a morte, ó Arjuna; sou igualmente o Ser e o não-Ser.
20. Os que seguem os três Vedas, os que bebem o Soma e estão limpos de pecado, Me rendem culto com sacrifícios e rogam para ir ao céu; eles alcançam o lugar santo dos deuses e, no céu, desfrutam dos divinos gozos dos deuses.

Aqui se faz referência aos sacrifícios cerimoniais e ritos que se usavam na época do Gita. Não podemos dizer precisamente como eram esses ritos nem o que era exatamente o suco do Soma.

21. Eles desfrutam do vasto mundo dos céus até que termina o período que corresponde a seus méritos, e reingressam no mundo dos mortais; assim, aqueles que seguem os Vedas para obter o fruto de suas ações só conseguem o ciclo de nascimento e morte.
22. Quanto àqueles que Me rendem culto, pensando somente em Mim e em nada mais, sempre unidos a Mim, Eu assumo a responsabilidade de lhes dar quanto necessitam.

Há três sinais inequívocos de um verdadeiro iogue ou Bhakta: mente equilibrada, habilidade na ação, devoção total. Os três devem estar completamente harmonizados em um iogue. Sem devoção, sem habilidade na ação, a devoção e a mente equilibrada poderiam ser somente uma simulação.

23. Mesmo aqueles que rendem culto a outros deuses com uma fé íntegra, mesmo eles, ó Kaunteya, somente a Mim rendem culto, ainda que não de acordo com o estabelecido.

24. Porque Eu sou o que aceita todos os sacrifícios; mas sem reconhecer o que Eu sou, eles se extraviam.

25. Os que rendem culto aos deuses vão para os deuses; os que rendem culto aos antepassados vão para os antepassados; os que rendem culto aos elementais vão para os elementais; mas os que rendem culto somente a Mim vêm a Mim.

26. Qualquer oferenda de folhas, flores, frutas ou água, feita com devoção por uma alma fervorosa, Eu a aceito com amor.

Isto é, o Senhor que existe em cada ser a quem servimos com devoção é quem aceita o serviço.

27. Qualquer coisa que faças, que comas, que ofereças como sacrifício ou como presente, qualquer austeridade que pratiques, dedica-o tudo a Mim.

28. Fazendo assim, serás libertado da escravidão das ações, sejam as de bons, sejam as de maus resultados; tendo conseguido a renúncia no desempenho das ações, serás libertado (do nascimento e da morte) e virás para Mim.

Renúncia aos frutos e desempenho das ações, Sannyasa e Ioga do quinto capítulo.

29. Eu sou o mesmo para todos os seres; nenhum é favorecido ou depreciado; mas aqueles que Me rendem culto com devoção estão em Mim, e Eu estou neles.

30. Mesmo o maior dos pecadores, se se voltar para Mim com uma devoção total, deve ser considerado como um santo; porque ele tomou uma firme resolução.

A devoção total vence suas paixões e seus maus atos. A firme determinação significa não pecar mais.

31. E logo ele se converte em um justo e alcança a paz eterna; fique certo, ó Kaunteya, que Meu devoto jamais perece.

32. Porque, encontrando refúgio em Mim, ainda aqueles que nasceram em um ambiente de pecado, as mulheres, os Vaixás e os Sudras também, todos eles alcançam a meta suprema².

33. Quanto mais, então, os Brâmanes puros e os reis santos que são Meus devotos? Portanto, rende-me culto tu também, já que vieste a este mundo passageiro e sem alegrias.

34. Em Mim fixa tua mente, para Mim dirige tua devoção, a Mim oferece teus sacrifícios, a Mim rende tuas homenagens; assim, tendo-se unido a Mim e tendo feito de Mim tua meta e teu fim, certamente virás a Mim.

Assim termina o nono capítulo, intitulado "A Ioga da Ciência Real", no diálogo entre Sri Krishna e Arjuna sobre a ciência da Ioga como parte do conhecimento de Brahman, no Upanishad chamado o Bhagavad Gita.

Notas:
1 Kalpa = dia de Brahman (ver nota 3 no cap. VIII).
2 Vaixás (comerciantes e agricultores) e Sudras (trabalhadores manuais) eram as duas castas inferiores da sociedade hindu. Na Índia antiga, só podiam conhecer e recitar os Vedas os Brâmanes, que eram a casta superior.

Capítulo X

Para benefício de seus devotos, o Senhor dá neste capítulo um vislumbre de suas divinas manifestações.

Disse o Senhor:

1. Ouve uma vez mais Minha palavra suprema, ó Mahabahu, a que te darei para teu benefício, porque és meu bem-amado.
2. Nem os deuses nem os grandes videntes conhecem Minha origem; porque Eu sou, de todos os modos, a origem deles.
3. Aquele que Me conhece como o grande Senhor de todos os mundos, sem nascimento nem princípio, esse não se engana entre os mortais e é libertado dos pecados.
4. O discernimento, o conhecimento, a não-ilusão, paciência, verdade, autocontrole, calma interior, prazer, dor, nascimento, morte, medo e valor;
5. Não-violência, mente equilibrada, contentamento, austeridade, benevolência, boa e má fama, todos estes diversos atributos das criaturas procedem de Mim mesmo.
6. Os sete grandes Sábios, os antigos quatro e os Manus também nasceram de Mim e de Minha mente, e deles nasceram todas as criaturas no mundo[1].
7. Aquele que conhece verdadeiramente esta Minha imanência e Minha ioga (poder supremo) fica estabelecido em uma Ioga inquebrantável; quanto a isto não há dúvida.
8. Eu sou a fonte de tudo, tudo procede de Mim; sabendo disto, o sábio Me rende culto com o coração pleno de devoção.
9. Comigo em seus pensamentos, toda sua alma dedicada a Mim, ensinando-se uns aos outros com Meu nome sempre em seus lábios, eles vivem contentes e cheios de gozo.
10. Para aqueles sempre unidos a Mim e adorando-me com devoção, Eu dou o poder da ação desinteressada pela qual eles vêm a Mim.
11. Por compaixão para com eles, Eu, que sou o morador em seus corações, destruo a escuridão da

ignorância com a lâmpada resplandecente do conhecimento.

Disse Arjuna:

12. Senhor! És o Brahman supremo, a Morada suprema, o Purificador supremo! Eterno Ser Celestial, o Deus Primordial, não-Nascido, O que a tudo penetra!
13. Assim o proclamaram todos os sábios — o divino Narada, Asita, Devala, Vyasa; e Tu mesmo assim mo dizes.
14. Sei que tudo o que me disseste é verdadeiro, ó Keshava, e que nem os deuses nem os demônios, ó Senhor, conhecem Tua manifestação.
15. Só Tu Te conheces a Ti mesmo, ó Purushottama, Origem e Senhor de todos os seres, Deus dos deuses, Dirigente do universo!
16. Deverias falar-me de Tuas manifestações, sem faltar nenhuma, pelas quais Tu compenetras estes mundos.
17. Ó Ioguin! Meditando continuamente em Ti, como posso conhecer-te? Em qual de teus diversos aspectos devo pensar, ó Senhor?
18. Fala-me de novo, com todos os detalhes, de Teu poder único e de Tua imanência, ó Janardan! Porque meus ouvidos não se saciam escutando tuas palavras cheias de vida.

Disse o Senhor:

19. Assim seja, revelar-te-ei Minhas manifestações divinas, ó o melhor dos Kurûs; mas somente as principais, porque não há limite para sua extensão.
20. Ó Gudakesha! Eu sou o Atman estabelecido no coração de cada ser; Eu sou o princípio, o meio e o fim de todos os seres.

21. Dos Adityas, Eu sou Vishnu; das luminárias, o Sol radiante; dos Maruts, Eu sou Marichi; das estrelas, a Lua².

22. Dos Vedas, Eu sou o Sama-Veda; dos deuses, Indra; dos sentidos, a mente; dos seres, Eu sou a consciência.

23. Dos Rudras, Eu sou Shankhara; dos yakshas e rakshasas, Kubera; dos Vasus, Eu sou o fogo; das montanhas, Meru.

24. Dos preceptores, ó Partha, saiba que sou o grande Brihaspati; dos guerreiros, Eu sou Kartikeya; e das águas, o oceano.

25. Entre os grandes sábios, Eu sou Bhrigu; das palavras, Eu sou a sílaba AUM; dos sacrifícios, Eu sou Japa³, das coisas imóveis, os Himalaias.

26. De todas as árvores, Eu sou Ashwatha; dos sábios divinos, Narada; do coro celestial, Eu sou Chitaratha; dos perfeitos, Eu sou Kapila, o asceta.

27. Dos cavalos, conhece-me como Uchchaishravas, nascido de Amrita; dos elefantes poderosos, Eu sou Airavata; dos Homens, o monarca.

28. Das armas, Eu sou Vajra (o raio); das vacas, Kamadhenu; Eu sou Kandarpa (Kamadeva), o deus da geração; das serpentes, Eu sou Vasuki.

29. Das cobras, Eu sou Ananta; dos seres aquáticos, sou Varuna; dos manes, sou Aryaman; e dos que castigam, sou Yama.

30. Dos titãs, Prahlada; dos contadores, o Tempo; dos animais, o leão; e dos pássaros, a águia Garuda.

31. Dos purificadores, Eu sou o vento; dos que manejam armas, Rama; dos peixes, o crocodilo; dos rios, o Ganges.

32. Das criações, Eu sou o princípio, o meio e o fim, ó Arjuna; das ciências, o conhecimento do Ser; dos debates, o argumento correto.

33. Das letras, a letra A; dos compostos, Eu sou "dwandwa"[4]; Eu sou o tempo eterno; Eu sou o criador que se encontra em todas as partes.

34. Eu sou a Morte que a tudo colhe, como também a fonte das coisas que serão; das virtudes femininas[5], Eu sou a glória, a beleza, a oratória, a memória, a inteligência, a constância e a clemência.

35. Dos hinos védicos, Eu sou Brihat-Saman; dos metros, Gayatri[6]; dos meses, Margashirsha; das estações, a primavera.

36. Entre as fraudes, Eu sou o jogo de dados; dos esplêndidos, o esplendor; Eu sou a vitória, a resolução e a bondade dos bons.

"O jogo de dados, entre as fraudes" é uma frase que não nos deve alarmar, porque a natureza boa ou má das coisas não é o que está em questão. O que se está descrevendo é o poder imanente de Deus que dirige todas as coisas. Os fraudulentos também devem saber que estão sob a lei e o julgamento de Deus, e que devem por de lado seu orgulho e engano.
Isto fica corroborado pelo verso 39.

37. Dos Vrishnis, Eu sou Vasudeva; dos Pandavas, Dhananjaya (nome de Arjuna); dos ascetas, Eu sou Vyasa; e dos videntes, Ushanas.

38. Eu sou o látego dos que castigam; a estratégia dos que buscam a vitória; dos segredos sou o silêncio; e o conhecimento dos que conhecem.

39. Qualquer que seja a semente de cada ser, ó Arjuna, essa sou Eu; não há nada, móvel ou imóvel, que possa existir sem Mim.

40. Não há termo para minhas divinas manifestações; as que te disse agora servem somente como informação.

41. Saiba que tudo o que é glorioso, belo e poderoso não é mais que o produto de um fragmento de Meu esplendor.

42. Mas para que necessitas aprender isto em toda sua extensão, ó Arjuna? Somente com uma parte de Mim mesmo, Eu sustento todo este universo.

Assim termina o décimo capítulo, intitulado "A Ioga das Manifestações Divinas", no diálogo entre Sri Krishna e Arjuna sobre a ciência da Ioga como parte do conhecimento de Brahman, no Upanishad chamado o Bhagavad Gita.

Notas:
1 Os sete grandes Sábios são os Rishis que, supõe-se, nasceram da mente de Brahma, como Atri, Vasishta e outros. Os antigos quatro são os Kumaras ou jovens virgens que decidiram permanecer Brahmacharis. Manu é o primeiro homem ao começo de cada era. Todos estes são nascidos da mente de Brahma.

Os sete grandes Rishis representam os planos cósmicos da criação e os quatro Manus representam os planos psicológicos. Dá-se-lhes nomes humanos para simbolizar os Poderes que dirigem os processos do mundo físico e mental.

2 Neste verso e nos seguintes aparecem muitos nomes de deuses e personagens da mitologia hindu. Eis aqui alguns dos mais importantes:
Adityas = as divindades que presidem aos meses do ano.
Maruts = os deuses do vento.
Rudras = os deuses da destruição.
Kubera = deus da riqueza, cujos tesouros são guardados pelos Yakshas e rakshasas, espécies de demônios.
Vasus = personificação dos objetos etéreos.
Meru = montanha fabulosa, feita de ouro e pedras preciosas, que se supõe ser o centro da terra.
Brihaspati = o preceptor ou Guru dos deuses.
Kartikeya = deus da guerra (como Marte).
Kapila = um dos grandes Rishis, a quem se atribui a filosofia Samkhya.
Uchaishravas = o cavalo do deus Indra.
Indra = deus nacional dos arianos, guerreiro que dá a vitória a seu povo.
Vajra = o raio de Indra, feito dos ossos de um Rishi que se imolou voluntariamente para a salvação do mundo.
Kamadhenu = uma vaca celestial que outorga todos os desejos.
Yama = deus da morte.
Varuna = deus das águas.
Garuda = rei dos pássaros.
3 Japa = repetição dos mantras.
4 Dwandwa = modalidade do sânscrito em que as duas partes de um composto estão coordenadas sem predomínio de nenhuma das duas.
5 Virtudes femininas = refere-se a substantivos abstratos do gênero feminino.
6 Gayatri = um dos metros védicos, considerado como a quintessência de todos os mantras.

Capítulo XI

Neste capítulo, o Senhor revela diante dos olhos de Arjuna o que ele havia escutado com seus ouvidos — a forma cósmica do Senhor. Este capítulo é o favorito dos bhaktas. Aqui não há argumentos. Tudo é poesia. Sua música solene ressoa em nossos ouvidos e não é possível cansarmo-nos de lê-lo mais de uma vez.

Disse Arjuna:

1. Devido a Tua graça, ensinaste-me o mistério supremo que revela o conhecimento do Supremo.
2. Ouvi de Ti com todos os detalhes a origem e destruição dos seres, como também Tua infinita majestade, ó Kamala-Patraksha!
3. Certamente és tal como Te descreveste, Parameshwara! Agora anelo contemplar Tua forma como Ishwara[1].
4. Senhor, se crês que é possível para mim ter essa visão, revela-me, ó Yogeswara, Tua forma imperecível[2].

Disse o Senhor:

5. Contempla, ó Partha, as centenas e milhares de minhas formas divinas, infinitamente diversas, infinitamente variadas em cor e forma.
6. Contemplka os Adityas, os Vasus, os Rudras, os dois Ashwins e os Maruts[3]; contempla, ó Bharata, numerosas maravilhas nunca dantes reveladas.
7. Contempla hoje, ó Gudakesha, em meu corpo, todo o universo móvel e imóvel, tudo em um, e qualquer coisa que desejes ver.
8. Mas tu não podes me ver com esses teus próprios olhos. Dou-te o olho divino; contempla Meu poder soberano!

Disse Sanjaya:

9. Ó Rei! Com estas palavras, o grande Senhor da Ioga, Hari, revelou a Partha Sua forma suprema como Ishwara.
10. Com muitas bocas e muitos olhos, muitos aspectos maravilhosos, com divinos ornamentos e esgrimindo armas divinas.

11. Levando celestiais vestimentas, ungida com divinos perfumes, via-se por todas as partes a forma do Senhor, maravilhosa, infinita.

12. O esplendor de mil sóis brilhando ao mesmo tempo no céu talvez pudesse assemelhar-se ao esplendor do Todo-Poderoso.

13. Então, o Pandava viu todo o universo com suas múltiplas manifestações reunidas no corpo desse Deus dos deuses.

14. Então Dhananjaya (Arjuna), maravilhado e comovido até a última fibra de seu ser, inclinou a cabeça perante o Senhor e, juntando suas mãos, dirigiu-se a Ele.

Disse Arjuna:

15. Dentro de tua forma, ó Senhor, vejo a todos os deuses e às diversas multidões de seres, vejo a Brahma em seu trono de lótus e a todos os sábios e serpentes divinas.

16. Vejo tua forma infinita por todas as partes, com muitos braços e troncos, bocas e olhos. Não vejo o fim, nem o meio, nem o princípio, ó Senhor do Universo, de Tua forma universal!

17. Vejo-Te com a coroa, a massa, o disco, uma massa resplandecente brilhando em toda parte e deslumbrando a vista com o esplendor de fogo do sol refulgente por todos os lados, incomensurável.

18. És o Supremo, Imperecível, digno de ser conhecido; és o fundamento e repouso final deste universo; és o guardião imutável do Dharma Eterno; és o Ser Eterno.

19. Não tens princípio, meio ou fim; Teu poder é infinito, teus braços inumeráveis; tens por olhos o sol e a lua; Tua boca é um fogo flamejante que deslumbra o universo inteiro com seu resplendor.

20. Somente Tu preenches o céu e a terra, e todos os espaços; à vista de Tua forma maravilhosa e terrível, os três mundos estão oprimidos, ó Mahatma!
21. Aqui também se vêem multidões de deuses que entram em Ti; alguns com temor reverente, juntam suas mãos e louvam a Ti; as hostes de grandes sábios e homens perfeitos, com louvores em seus lábios, cantam hinos em Tua honra.
22. Os Rudras, Adityas, Vasus, Sadhyas, todos os deuses, os dois Ashwins, Maruts, Manes, as hostes de Gandharvas, Yakshas, Asuras e Siddhas; todos te contemplam maravilhados.[4]
23. À vista de Tua forma poderosa, ó Mahabahu, com múltiplas bocas, com inumeráveis braços, pernas e pés, com grandes ventres e terríveis mandíbulas; os mundos se sentem temerosamente oprimidos, assim como eu também estou.
24. Enquanto Te contemplo tocando o céu, resplandecente com diversas cores, com as bocas abertas e grandes olhos brilhantes, me sinto oprimido no mais íntimo de meu ser e não há paz nem repouso para mim, ó Vishnu!
25. E ao ver Tuas bocas com temíveis mandíbulas, semelhantes ao Fogo destruidor, perco todo o sentido de orientação e não encontro alívio. Tem piedade, ó Senhor dos Devas! Ó Jagannivasa!
26. Todos os filhos de Dhritarashtra e com eles a multidão de reis; Bhisma, Drona e também Karna e os principais guerreiros.
27. Precipitam-se nas temíveis mandíbulas de Tuas bocas terríveis. Posso ver a alguns, colhidos entre Teus dentes, com suas cabeças reduzidas a átomos.
28. Semelhantes aos rios que se precipitam em torrentes para o mar, assim os heróis do mundo dos homens se lançam em Tuas bocas flamejantes.
29. Tal como os insetos em rápido vôo lançam-se nas chamas, direto para seu fim, assim estes heróis

se precipitam de cabeça em Tuas bocas para serem destruídos.
30. Devorando-os a todos, lambe-os com Tuas línguas chamejantes; Teus raios de fogo deslumbram, preenchendo todo o universo com seu brilho.
31. Diz-me, Senhor, quem és Tu nesta forma terrível. Saúdo-te, ó Devavara! Sê misericordioso! Desejo conhecer-te, ó Ser Primordial, porque não compreendo o que és.

Disse o Senhor:

32. Sou o fim do Tempo, que traz a morte aos mundos, ocupado em devorar a humanidade. Mesmo sem que tu os destruas, não sobreviverá nenhum destes guerreiros, dispostos a combater contra ti.
33. Portanto, levanta-te e adquire fama! Vence a teus inimigos e conquista um próspero reino. Eles já foram destruídos por Mim; não és mais que um instrumento, ó Savyasachin.
34. Drona, Bhisma, Jayadratha e Karna, como também os demais guerreiros chefes, já foram mortos por Mim. Destrói-os sem temor! Combate! Não desanimes! Tua é a vitória sobre os inimigos no campo de batalha.

Disse Sanjaya:

35. Ouvindo estas palavras de Keshava, Arjuna juntou suas mãos e fez uma reverência, tremendo. Inclinado e vacilante, dirigiu-se a Krishna uma vez mais.

Disse Arjuna:

36. É muito justo, ó Hrishikesha, que o mundo deva encher-se de regozijo e emoção ao louvar-te; que os Rakshasas fujam atemorizados, e que todas as hostes dos Perfeitos rendam-te homenagem.
37. Como não haveriam de se inclinar diante de Ti, Ó Mahatma? Tu és o Primeiro Criador, superior até mesmo a Brahma. Ó Ananta! ó Devesha! ó Jagannivasa! És o Imperecível, o Ser, o não-Ser e o que lhes transcende.
38. És o Deus Primordial, o Ser Primário, és o Repouso final deste universo; Tu és o Conhecedor e o conhecido, a Suprema Morada; todo o universo está compenetrado por Tuas inumeráveis formas.
39. Tu és Vayu, Yama, Agni, Varuna, Shashanka, Prajapati e Prapitamaha. Saúdo-te, mil vezes saúdo-te! Saudações a Ti, uma vez e mais outra!
40. Todos saúdam-Te, por todos os lados saúdam-Te! Tuas proezas são infinitas, Teu poder é imensurável! Susténs tudo, portanto és tudo.
41. Se alguma vez, pensando que eras um companheiro, me dirigi a Ti dizendo "Ó Krishna, Ó Yadava", sem conhecer Tua grandeza, quer fosse por descuido ou por afeto;
42. Se alguma vez fui desrespeitoso para contigo nas piadas, enquanto brincávamos ou descansávamos, sós ou acompanhados, ó Achyuta!, perdoa minhas faltas, suplico-Te, ó Incomensurável!
43. És o Pai deste mundo, do que se move e do imóvel; és o Mestre mais querido e mais reverenciado; não há nenhum igual a Ti; ninguém pode superar-te. Teu poder é sem igual nos três mundos.
44. Por isso, prosternando-me diante de Ti, imploro Tua graça, ó Senhor Adorável! Como o pai com o filho, o camarada com o camarada, assim deves ser Tu para

121

mim, amado Senhor.
45. Estou cheio de felicidade ao ver o que nunca antes foi visto, e contudo meu coração está oprimido pelo temor. Mostra-me Tua forma de antes, ó Senhor! Tem compaixão, ó Devesha, ó Jagannivasa!
46. Anelo ver-te como eras com a diadema, a massa e o disco; toma de novo Tua outra forma, ó Vishwamurti, o de mil braços!

Disse o Senhor:

47. Foi para favorecer-te, ó Arjuna, que te revelei por meio de Meu poder único esta Minha forma Suprema, Resplandecente, Universal, Infinita, Primordial — que ninguém mais além de ti já viu.
48. Não pelo estudo dos Vedas, não por sacrifícios, não pelo estudo de outras Escrituras; não por oferendas, não por meio de ritos ou austeridades severas posso Eu ser visto sob esta forma que apenas tu contemplaste no mundo dos homens, ó Kurupravira!
49. Não temas, nem fiques perplexo ao contemplar esta Minha terrível forma. Descarta o medo, tranqüiliza tua mente e volta a contemplar-me em minha forma de antes.

Sanjaya disse:

50. Assim falou Vasudeva a Arjuna, e revelou-lhe de novo sua forma conhecida. Usando outra vez de sua forma benigna, trouxe consolo ao aterrorizado.

Disse Arjuna:

51. Contemplando de novo Tua benévola forma

humana, volto a mim e estou outra vez em meu estado normal.

Disse o Senhor:

52. É muito difícil contemplar esta Minha forma que viste; mesmo os deuses anelam vê-la sempre.
53. Não pelos Vedas, não por austeridades; não por oferendas, não por meio de sacrifícios, ninguém pode me contemplar da Forma com que me viste.
54. Mas por meio de uma devoção total, ó Arjuna!, Eu posso ser conhecido sob esta Forma e ser por ela compenetrado, ó Parantapa!
55. Somente vem a Mim, ó Pandava, aquele que realiza Minhas obras, aquele que fez de Mim sua meta, aquele que é Meu devoto, aquele que renunciou ao apego, aquele que não tem maus desejos para com ninguém.

Assim termina o undécimo capítulo, intitulado "A Ioga da Visão Cósmica", no diálogo entre Sri Krishna e Arjuna sobre a ciência da Ioga como parte do conhecimento de Brahman, no Upanishad chamado o Bhagavad Gita.

Notas:
1 Ishwara = nome que se dá na Índia a Deus em seu aspecto de Criador do mundo, como também seu Mantenedor e Destruidor. Corresponde à Trindade de Brahma (Criador), Vishnu (Mantenedor) e Shiva (Destruidor).
2 Yogeshwara = Senhor ou Mestre da Ioga. Parameshwara = Senhor Supremo.
3 Adityas, Vasus, Rudras, etc. são deuses védicos que passaram ao Hinduísmo com diferentes nomes.
4 Nomes de deuses, semideuses, demônios e outros seres celestiais ou espíritos que habitam a região dos céus. Segundo o Hinduísmo, o céu é uma região dentro do universo aonde vão as almas para receber o prêmio de suas ações e voltar à terra depois de algum tempo; não é eterno e se dissolve junto com todo o universo quando termina o ciclo de manifestação de Brahman.

123

Capítulo XII

Vemos assim que a visão de Deus só é possível por meio de uma devoção total. O conteúdo da devoção deve vir como coisa natural. Este capítulo deve ser aprendido de memória. É um dos mais curtos. Os sinais de um devoto devem ser cuidadosamente observados.

Disse Arjuna:

1. Entre os devotos que assim Te adoram, constantemente dedicados a Ti, e aqueles que rendem culto ao Imperecível Imanifestado, quais são os melhores Ioguins?

Disse o Senhor:

2. Considero como os melhores Ioguins àqueles que, fixando sua mente em Mim, sempre junto a Mim, adoram-Me com a maior fé.
3. Aqueles que adoram o Imperecível, o Indefinível, o Imanifestado, o Onipresente, o Impensável, Imóvel, Imutável.
4. Mantendo a totalidade dos sentidos sob controle absoluto, a tudo olhando com olhos imparciais, dedicados ao bem-estar de todos os seres, certamente estes vêm a Mim.
5. Mas é maior o esforço daqueles cuja mente está fixa no Imanifestado; porque é muito difícil para os mortais encarnados alcançar a meta do Imanifestado.

O homem mortal pode apenas imaginar o Imanifestado, o Impessoal; e como sua linguagem lhe falta, amiúde o descreve negativamente como "Neti, Neti" (nem isto, nem isto). E assim, mesmo os iconoclastas não são, no fundo, melhores que os idólatras. Render culto a um livro, ir à igreja ou orar com o rosto em certa direção, todas estas são formas de se render culto ao Sem-Forma em uma imagem ou um ídolo. Contudo, ambos, o destruidor de ídolos e o adorador de ídolos, não podem perder de vista o fato de que existe algo que está além de toda forma, Impensável, Sem-Forma, Impessoal, Imutável. A meta suprema do devoto é chegar a ser uno com o objeto de sua devoção. O Bhakta se extingue, mergulha e se funde com o Senhor. Este estado pode ser alcançado mais facilmente pela devoção a alguma forma, e assim foi dito que o caminho direto para o Imanifestado é em verdade o mais longo e mais difícil.

6. Aqueles que dedicam a Mim todas suas ações, fazendo de Mim o tudo em tudo, que me adoram com a meditação de uma devoção total.

7. Desses, cujos pensamentos estão concentrados em Mim, ó Partha, logo Eu sou o Libertador do oceano deste mundo de morte.

8. Fixa tua mente em Mim, descansa em Mim tuas convicções; assim, sem dúvida, permanecerás somente em Mim no além.

9. Se não podes fixar tua mente constantemente em Mim, então tenta alcançar-me pelo método da prática consciente, ó Dhananjaya.

10. Se tampouco podes seguir o método de uma prática constante, Concentra-te no serviço a Mim; também assim, servindo-me, alcançarás a perfeição.

11. Se és incapaz de fazer mesmo isto, então dedica tudo a Mim e, com a mente controlada, renuncia aos frutos das ações.

12. Melhor é o conhecimento que a prática, melhor que o conhecimento é a concentração, e melhor que a concentração é a renúncia aos frutos da ação, da qual se obtém diretamente a paz.

"Prática" (abhyasa) é a prática da Ioga da meditação e controle dos processos psíquicos; "conhecimento" (jnana) é o esforço intelectual; "concentração" (dhyana) é o culto da devoção. Se, como resultado de tudo isto, não há renúncia ao fruto das ações, a "prática" não é prática, o "conhecimento" não é conhecimento e a "concentração" não é concentração.

[Em outra oportunidade, Gandhi deu esta explicação:]
"Parece que o sendeiro de escutar, meditar e compreender pode ser mais fácil que o sendeiro de yama, niyama, prana-

yama e asana, aos quais me referi; mais fácil pode ser a concentração e o culto, e mais fácil que a concentração pode ser a renúncia aos frutos das obras. O mesmo método não pode ser igualmente fácil para todos. Certamente estão misturados. Em todo caso, não se deve desejar ser um devoto. Há que se alcançar a meta pelo método que for possível. Meu papel é dizer-lhes simplesmente a quem devem considerar como um verdadeiro devoto."

13. Aquele que não tem má-vontade para com ninguém, aquele que é cordial e compassivo, aquele que abandonou todo pensamento de "meu" ou "Eu", que considera iguais a dor e o prazer, que é paciente no sofrimento.

14. Aquele que está sempre contente, dotado da Ioga, autodisciplinado, de firmes convicções, aquele que dedicou sua mente e sua razão a Mim — tal devoto (bhakta) é muito amado por Mim.

15. Aquele que não perturba ao mundo nem é pelo mundo perturbado, aquele que está livre do regozijo, ressentimento, medo e vergonha — esse homem Me é muito querido.

16. Aquele que não espera nada, aquele que é puro, hábil, indiferente, tranqüilo, que não se entrega a novos compromissos — tal devoto é amado por Mim.

17. Aquele que não se regozija, não se lamenta nem se aflige, aquele que não cobiça, aquele que abandona o bom e o mau — tal devoto é amado por Mim.

18. Aquele que é igual para seus inimigos e amigos, aquele que considera iguais o respeito e o desdém, o frio e o calor, o prazer e a dor; aquele que está livre de apego;

19. Aquele que aplica a mesma medida ao louvor e à censura; aquele que é silencioso, satisfeito com o que lhe pertence; aquele que não tem lar, aquele que é de mente firme — tal devoto é amado por Mim.

20. Aqueles que praticam a essência da religião (dharma) como Eu te ensinei, com fé, tendo a Mim como sua meta — esses devotos são sumamente amados por Mim.

Assim termina o duodécimo capítulo, intitulado "A Ioga da Devoção", no diálogo entre Sri Krishna e Arjuna sobre a ciência da Ioga como parte do conhecimento de Brahman, no Upanishad chamado o Bhagavad Gita.

Capítulo XIII

Este capítulo trata da distinção entre o corpo (não-eu) e a alma (eu).

Disse o Senhor:

1. Este corpo, ó Kaunteya, é chamado o campo; aquele que o conhece é chamado o conhecedor do campo por aqueles que sabem.
2. Considera-Me, ó Bharata, como o Conhecedor do Campo em todos os campos; o conhecimento do campo e o conhecedor do campo constituem o verdadeiro conhecimento.
3. Que é esse campo, qual sua natureza, quais suas modificações e de onde procede, como também quem é Ele e qual é Seu poder — escuta isto brevemente de Mim.
4. Esta verdade foi cantada pelos sábios claramente e de muitas maneiras, em diferentes hinos como também em textos aforísticos sobre Brahman, bem argumentados e inequívocos.
5. Os cinco elementos, a individuação, o intelecto, o imanifestado, os dez sentidos e a mente (manas), as cinco esferas dos sentidos.
6. Desejo, desgosto, prazer, dor, associação, consciência, coesão — isto, em suma, é o que se chama o campo com suas modificações.

Os cinco elementos são Terra, Água, Fogo, Ar e Éter. A individuação é o sentido do eu, ou que o corpo é o eu; o imanifestado é Prakriti ou Maya; os dez sentidos são os órgãos de percepção (olfato, gosto, vista, tato e ouvido) e os órgãos de ação (mãos, pés, língua e os dois órgãos de excreção). As cinco esferas dos sentidos ou objetos dos sentidos são: odor, sabor, forma, tato e som. "Associação" é a faculdade de cooperação entre os diferentes órgãos. "Coesão" é a propriedade dos átomos do corpo de se manterem unidos; a coesão provém do sentido de individuação. A individuação é inerente à imanifestada Prakriti.

O homem que não se engana é aquele capaz de abandonar este sentido de individuação ou Ego; tendo feito isto, os golpes inevitáveis como a morte e os pares de opostos proporcionados pelos sentidos não poderão afetá-lo. O campo, sujeito a todas as suas modificações, tem de ser abandonado no final, tanto pelo iluminado quanto pelo ignorante.

7. Liberação do orgulho e da vaidade, não-violência, perdão, correção, serviço ao Mestre, pureza, firmeza, autodomínio;

8. Aversão aos objetos dos sentidos, ausência de vaidade, realização da dor e as penas do nascimento, morte, velhice e enfermidade.

9. Ausência de apego; negativa a prender-se demasiado aos filhos, esposa, lar e família; mente equilibrada perante os acontecimentos bons e maus.

10. Invariável e exclusiva devoção para Mim, reclusão em lugares afastados, desgosto pela sociedade dos homens;

11. Firme convicção sobre a natureza do Atman, percepção da meta do conhecimento da Verdade — tudo isto é considerado como o Conhecimento e o contrário disto é a ignorância.

12. Explicar-te-ei agora Aquilo que deve ser conhecido e conhecendo o que alcança-se a imortalidade; Ele é o Brahman Supremo, que não tem princípio, que não é chamado de Ser nem de não-Ser.

O Supremo não pode ser descrito como Ser nem como não-Ser. Está além de toda definição ou descrição, superior a todos os atributos.

13. Tendo mãos e pés por todos os lados, tendo olhos em todos os lados, tendo bocas e ouvidos em todos os lados, abarca tudo o que existe no universo.

14. Parecendo ter as funções dos sentidos, Ele carece de sentidos; sem nada tocar, Ele sustém a tudo; sem estar constituído pelas Gunas, Ele experimenta as Gunas.

15. Além de todos os seres, todavia dentro deles; imóvel, e no entanto se move; tão sutil que não pode ser percebido; tão longe e contudo tão perto.

Aquele que conhece está dentro Dele; o movimento e a imobilidade, a paz e a inquietude, devêmo-los a Ele, porque tem movimento e todavia está imóvel.

16. Indiviso, parece subsistir dividido em todos os seres; este Brahman — o que deve ser conhecido — é o Mantenedor de tudo, e também seu Destruidor e Criador.

17. Luz de todas as luzes, diz-se que está além da escuridão; Ele é conhecimento, o objeto do conhecimento e a meta do conhecimento; está assentado no coração de todos.

18. Assim, expliquei-te brevemente o campo, o conhecimento e Aquilo que deve ser conhecido; Meu devoto, quando sabe isto, é digno de se unir a Mim.

19. Sabe que Prakriti e Purusha são ambos sem princípio, e sabe que todas as modificações e as Gunas nascem de Prakriti[1].

20. Prakriti é descrita como a causa na criação de efeitos; Purusha é descrito como a causa na experiência do prazer e dor.

21. Porque Purusha, residindo em Prakriti, experimenta as Gunas nascidas de Prakriti; o apego a estas Gunas é a causa de seus nascimentos em boas ou más condições.

Prakriti é considerada comumente como Maya. Purusha é o Jiva (alma encarnada) que, agindo de acordo com sua natureza, experimenta o fruto das ações nascidas das três Gunas.

22. Aquele que é chamado a Testemunha neste corpo, o Sancionador, o Mantenedor, o Experimentador, o

Grande Senhor e também o Atman Supremo, Esse é o Ser Supremo.

23. Aquele que assim conhece a Purusha e Prakriti com suas Gunas, esse não volta a renascer, não importa como viva e se mova.

 Lido à luz dos capítulos II, IX e XII, este verso não pode ser tomado como apoiando qualquer espécie de libertinagem. Mostra a virtude da dedicação e da devoção. Todas as ações atam o ser, mas se são dedicadas ao Senhor, elas não atam, antes libertam. Assm, aquele que extinguiu o Ego ou pensamento do "eu" e que age sempre como se estivesse diante dos olhos da Grande Testemunha não cometerá pecado ou erro. O Ego é a raiz de todos os erros e pecados. Quando se extinguiu o "eu", não há pecado. Este verso nos mostra como nos conduzirmos livres de pecado.

24. Por meio da meditação, alguns contemplam o Atman em seu próprio ser; outros, por meio da Samkhya Ioga, e outros pela Karma Ioga.
25. Mas há alguns que, sem conhecê-lo, lhe rendem culto porque aprenderam de outros; eles também passam além da morte, pela devota adesão ao que aprenderam.
26. Onde quer que algo tenha nascido, animado ou inanimado, saiba, ó Bharata, que procede da união do Campo com o conhecedor do Campo.
27. Aquele que vê Parameshwara residindo em todos os seres, imperecível no perecível, este em verdade sabe ver.
28. Quando ele vê ao próprio Ishwara residindo igual em todas as partes, ele não se fere a si mesmo e assim alcança a meta suprema.

  Aquele que vê ao próprio Deus em toda parte mergulha Nele e não vê mais nada; assim, não é dominado pelas paixões, não se converte em seu próprio inimigo e alcança a Liberdade.

29. Aquele que vê que é Prakriti quem executa todas as ações, e sabe que não é o Atman quem as executa, este vê bem.

30. Quando ele vê a diversidade dos seres como que fundida na unidade e o todo dali surgindo, então ele chega a Brahman.

Realizar que tudo descansa em Brahman é alcançar o estado de Brahman. Então Jiva (a alma encarnada) se converte em Shiva (Deus).

31. Este Atman Supremo e Imperecível, ó Kaunteya, ainda que resida no corpo, não age nem é contaminado porque não tem princípio e não tem Gunas.

32. Tal como o éter que tudo compenetra e que não é maculado em razão de sua sutileza, assim o Atman compenetra todas as partes do corpo e não é maculado.

33. Semelhante ao Sol que ilumina todo o universo, assim o Mestre do Campo ilumina todo o campo, ó Bharata.

34. Aqueles que percebem, com os olhos do conhecimento, a distinção entre o Campo e o conhecedor do Campo, e o segredo da libertação dos seres de Prakriti, estes chegam ao Supremo.

Assim termina o décimo terceiro capítulo, intitulado "A Ioga do Campo e o Conhecedor do Campo", no diálogo entre Sri Krishna e Arjuna sobre a ciência da Ioga como parte do conhecimento de Brahman, no Upanishad chamado o Bhagavad Gita.

Notas:
1 Prakriti = a matéria. Ver cap. III, 5.

Capítulo XIV

A descrição de Prakriti nos leva naturalmente a seus constituintes, as Gunas, que formam o tema deste capítulo. E isto, por sua vez, nos leva à descrição dos sinais Daquele que está além das Gunas. São praticamente os mesmos dos do homem de entendimento seguro (II. 54-72) como também a do devoto ideal (XII. 12-20).

O capítulo XIV e sua tríplice divisão das qualidades da natureza recordam o livro de Henry Drummond, *As Leis da Natureza no Mundo Espiritual*. As leis são numerosas, mas foram classificadas de um modo geral sob três títulos. O capítulo XIV descreve as leis às quais está sujeito o homem, e o capítulo XV descreve o Purushottama — O Homem Perfeito. O que aprendemos destes capítulos é "a ascensão do homem". Não há nenhum homem que esteja dominado exclusivamente por uma das três Gunas: Sattwa, Rajas ou Tamas. Cada um de nós deve se elevar até o estado em que predomina o princípio Sattwa, até que por fim se eleva mais além das três Gunas e é o Homem Perfeito.

Posso lhes dar uma ilustração no mundo físico: tomemos a água, que em seu estado líquido permanece na terra, não pode ascender enquanto não tiver se rarificado em vapor. Mas, uma vez que haja se convertido em vapor, eleva-se até o céu onde, por fim, se transforma em nuvens que depois caem sob a forma de chuva que frutifica e abençoa a terra. Nós somos como a água, temos de nos esforçar para nos rarificarmos de maneira que se destrua o ego e nos absorvamos no Infinito para o bem eterno de todos.

Disse o Senhor:

1. Agora explicar-te-ei outra vez o mais alto e melhor de todos os conhecimentos, sabendo o que todos os Sábios alcançaram a mais alta perfeição.
2. Entregando-se a este conhecimento, eles chegaram a unir-se a Mim. Não necessitam voltar a nascer em qualquer criação, nem sofrem a dissolução.
3. A grande Prakriti é para Mim como a matriz onde Eu deposito o germe; dela nascem todos os seres, ó Bharata.
4. De qualquer das formas com que nasce nas diferentes espécies, a grande Prakriti é sua Mãe e Eu sou o Pai que dá a semente.

5. Sattwa, Rajas e Tamas são as três Gunas de Prakriti; são elas, ó Mahabahu, as que mantêm o Morador imperecível atado ao corpo.
6. Destas, Sattwa é pura e luminosa; ata-nos com o laço da felicidade e do conhecimento, ó Impecável.
7. Sabe que Rajas é de caráter passional, a fonte dos desejos e do apego; mantém atado o homem com o laço da ação.
8. Sabe que Tamas, nascida da ignorância, é o engano do homem mortal; mantém-no atado com os laços da negligência, da preguiça e do sonho.
9. Sattwa ata o homem à felicidade; Rajas o ata à ação; Tamas, ocultando o conhecimento, o ata à negligência.
10. Sattwas prevalece, ó Bharata, quando dominou Rajas e Tamas; Rajas, quando predomina sobre Sattwa e Tamas; igualmente, Tamas reina quando Sattwa e Rajas estão esmagadas.
11. Quando a luz — conhecimento — brilha em todas as portas deste corpo, então pode-se saber que Sattwa predomina.
12. Anelos, atividade, compromissos, intranqüilidade, desejo — estes são evidentes quando predomina Rajas, ó Bharatashabha.
13. Ignorância, torpeza, negligência e engano são evidentes quando reina Tamas, ó Kurunandana.
14. Se a alma encarnada chega a seu fim quando prevalece Sattwa, então vai para os mundos dos conhecedores do Supremo.
15. Se morre quando Rajas reina em seu interior, volta a nascer entre os homens apegados à ação; e se morre sob o domínio de Tamas, volta a nascer dentre as espécies irracionais.
16. Diz-se que o fruto da ação sátwica é o mérito sem mácula; o de Rajas é a dor, e o de Tamas é a ignorância.
17. De Sattwa nasce o conhecimento; de Rajas, os anelos; de Tamas, a negligência, o engano e a ignorância.

18. Os que permanecem em Sattwa se elevam; os que estão em Rajas permanecem no meio, e os que estão em Tamas descem.

19. Quando o sábio percebe que são as Gunas que agem e conhece Aquele que está além das Gunas, então chega a Meu Ser.

Tão logo o homem realiza que não é ele o fazedor e sim que são as Gunas que atuam, o Ego se desvanece e ele executa todas as suas ações espontaneamente, só para manter o corpo. E como o corpo está subordinado a servir a interesses mais altos, todas as suas ações revelaram desapego e desapaixonamento. Tal sábio pode facilmente ter um vislumbre do Uno que está sobre as Gunas e oferecer sua devoção a Ele.

20. Quando a alma encarnada transcende estas três Gunas que atuam em seu corpo, ela está liberada da dor do nascimento, velhice e morte, e alcança a imortalidade.

Disse Arjuna:

21. Quais são os sinais, ó Senhor, daquele que transcendeu as três Gunas? Como se conduz? Como transcende as três Gunas?

Disse o Senhor:

22. Ó Pandava, aquele que não desdenha a luz, a atividade ou o erro quando acontecem, nem os deseja quando se desvanecem;
23. Aquele que, sentado indiferente, não é sacudido pelas Gunas e permanece firme e sem se mover, sabendo que são as Gunas que fazem sua parte;

24. Aquele que considera o prazer e a dor como iguais; que está tranqüilo, que dá o mesmo valor à terra, à pedra ou ao ouro; que é sábio e aplica a mesma medida às coisas gratas e às ingratas; que tem uma mente equânime para o louvor e para a censura; 25. Que considera iguais a honra e a desonra, que é o mesmo para o amigo e para o inimigo, que não contrai compromissos — esse homem é chamado um Gunatita (além das Gunas).

Os versos 22 a 25 devem ser lidos e considerados em conjunto. A Luz, a atividade e o engano, como vimos nos versos anteriores, são o produto ou a característica de Sattwa, Rajas e Tamas, respectivamente. O significado interno destes versos é que aquele que transcendeu as Gunas não será afetado por elas. Uma pedra não deseja a luz, nem desdenha a atividade ou a inércia; permanece quieta, sem qualquer desejo. Se alguém a coloca em movimento, não se enoja; se de novo a deixam quieta, não sente a inércia ou a decepção. A diferença entre uma pedra e um Gunatita é que este último tem plena consciência e se libertou das ataduras que ligam o homem comum com pleno conhecimento disso. Como resultado de seu conhecimento, conseguiu o repouso de uma pedra. Como uma pedra, ele é testemunha e não fazedor das atividades das Gunas de Prakriti. Desse sábio pode-se dizer que ele se senta quieto, incomovível, no conhecimento de que são as Gunas que executam sua parte. Nós, os que agimos em cada momento como se fôssemos os fazedores, só podemos imaginar esse estado, mas dificilmente podemos experimentá-lo. Contudo, podemos dirigir nosso carro para essa meta e fazer nosso caminho pouco a pouco, retirando gradualmente o Ego de nossas ações.

Um Gunatita tem a experiência de sua própria condição, mas não a pode descrever, porque aquele que pode descrevê-la deixa de tê-la. No momento em que começa a fazê-lo, o Ego assoma. A paz e a luz, o bulício e a inércia de nossa experiência comum são ilusórios. O Gita nos esclareceu de muitas maneiras que o estado sátwico é o mais próximo do de um Gunatita. Portanto, cada um deve se esforçar para desenvolver mais e mais Sattwa em si mesmo, com a convicção de que algum dia alcançará a meta do estado de Gunatita.

26. Aquele que me serve com devoção invariável e exclusiva, transcende estas Gunas e é digno de unir-se a Brahman.

27. Porque Eu sou a imagem mesma de Brahman, imutável e imortal, como também a do Dharma eterno e da felicidade perfeita.

Assim termina o décimo quarto capítulo, intitulado "A Ioga das Três Gunas", no diálogo entre Sri Krishna e Arjuna sobre a ciência da Ioga como parte do conhecimento de Brahman, no Upanishad chamado o Bhagavad Gita.

Capítulo XV

Este capítulo trata da forma suprema do Senhor, transcendente ao perecível e ao imperecível.

Disse o Senhor:

1. Com suas raízes acima e seus ramos abaixo, a árvore Ashwattha é considerada imperecível; suas folhas são hinos védicos; aquele que a conhece, conhece aos Vedas.

"Shwa" significa manhã, e Ashwattha significa o que não durará sequer até amanhã, isto é, o mundo dos sentidos que está em um contínuo fluir. Mas, mesmo quando está se transformando perpetuamente, é imperecível porque tem suas raízes em Brahman ou o Supremo. Tem como proteção e apoio as folhas dos hinos védicos, isto é, Dharma (dever). Aquele que conhece o mundo dos sentidos como tal e sabe o que é Dharma, esse é o verdadeiro sábio (Gnani) que conhece os Vedas.

2. Acima e abaixo se estendem seus ramos, florescendo devido às Gunas, tendo por contornos os objetos dos sentidos; suas raízes ramificam para baixo no mundo dos homens, sob a forma de conseqüências das ações.

Esta é uma descrição da árvore do mundo sensível, como o vê o não-iluminado. Eles não conseguem descobrir suas raízes acima em Brahman e assim estão sempre apegados aos objetos dos sentidos. Eles regam a árvore com as três Gunas e permanecem atados ao Karma no mundo dos homens.

3. Sua forma como tal não é percebida aqui, como tampouco o são seu fim ou seu princípio, ou sua base. O homem deve cortar primeiro esta Ashwattha de profundas raízes com o machado seguro do desapego;

4. E tentar encontrar esse asilo de onde não há regresso, e buscar refúgio no Ser Primordial do qual emanou este antigo mundo da ação.

"Desapego" no verso 3 significa aqui desapaixonamento, aversão pelos objetos dos sentidos. A menos que o homem esteja determinado a afastar-se das tentações do mundo dos sentidos, mergulhará cada vez mais em seu âmbito. Estes versos nos mostram que não se pode atrever-se a brincar com os objetos dos sentidos sem impunidade.

5. Para esse imperecível asilo vão as almas iluminadas — que não têm orgulho nem desengano, que triunfaram sobre a mácula do apego, que estão sempre em contato com o Supremo, cujas paixões morreram, que estão isentas dos pares de opostos, tais como prazer e dor.

6. Nem o sol nem a lua nem o fogo iluminam esse lugar; os homens que ali chegam não retornam, essa é Minha morada suprema.

7. Em verdade, uma parte de Mim mesmo é o eterno Jiva (alma) neste mundo da vida e atrai para si a mente e os cinco sentidos de seu lugar em Prakriti.

8. Quando o Senhor do corpo adquire um e depois o deixa, leva-os consigo aonde quer que vá, tal como o vento leva os perfumes das flores[1].

9. Estabelecendo-se nos sentidos — ouvido, vista, tato, gosto e olfato — assim como na mente, através deles, experimenta os objetos do mundo.

Os objetos do mundo são os objetos naturais dos sentidos. O gozo destes estará maculado se o sentido do "Eu" estiver presente; de outra maneira, será puro como o gozo de um menino inocente.

10. Os ignorantes não o percebem quando Ele toma ou deixa um corpo e quando o desfruta associado às Gunas; somente aqueles dotados com o olho do conhecimento conseguem vê-lo.

11. Os Iogues que se esforçam o vêem estabelecido neles mesmos; os ignorantes que não se purificaram não o vêem, por mais que se esforcem.

Isso não está em conflito com o pacto que Deus firmou com o pecador no cap. IX. "Que não se purificaram" significa aqui alguém que não tem devoção, que não se decidiu a purificar-se. O mais extremado pecador, se tiver humildade suficiente para buscar refúgio e dedicar-se a Deus, purifica-se e tem êxito em sua busca. Os que não se preocupam em seguir os votos fundamentais (Yamas) e os voluntários (Niyamas) e esperam encontrar a Deus por meio de exercícios intelectuais são néscios: eles não o encontrarão.

12. A luz do sol que ilumina todo o universo e que está na lua e no fogo — saiba que essa luz é Minha.
13. Sou Eu que, penetrando na terra, sustento a todos os seres com Minha força, e através da lua — essência da seiva — nutro todas as ervas.
14. Sou Eu que me converto no fogo que mora nos corpos de tudo o que respira, e assimilo as quatro classes de alimentos com a ajuda da inalação e da exalação².
15. E sou Eu o que está no coração de tudo; de Mim procedem a memória e o conhecimento, e o dispersar das dúvidas; sou Eu o que deve ser conhecido em todos os Vedas; Eu, o autor do Vedanta e o conhecedor dos Vedas.
16. Neste mundo há dois Seres: Kshara (perecível) e Akshara (imperecível). O perecível abarca todas as criaturas e sua base permanente é o Imperecível.
17. Mas o Ser Supremo é outro, chamado Paramatman, que compenetra e sustenta os três mundos como o Ishwara Imperecível.
18. Eu sou conhecido no mundo e nos Vedas como Purushottama (o Ser Supremo) porque Eu transcendo o perecível e também estou além do Imperecível.
19. Aquele que, sem se enganar, a Mim conhece como Purushottama, sabe tudo e Me adora com todo seu coração, ó Bharata.

151

20. Assim ensinei-te esta doutrina, a mais misteriosa, ó Impecável; aquele que entende isto, ó Bharata, é um homem de entendimento que cumpriu a missão de sua vida.

Assim termina o décimo quinto capítulo, intitulado "A Ioga do Purushottama", no diálogo entre Sri Krishna e Arjuna sobre a ciência da Ioga como parte do conhecimento de Brahman, no Upanishad chamado o Bhagavad Gita.

Notas:
1 Nos versos 7 e 8 se faz referência à mente e aos sentidos em seu estado potencial, não manifestado, tal como existem em Prakriti. A mente é considerada como um dos sentidos, o sentido interno. O corpo sutil (Linga Sharira) acompanha o Jiva em seu trânsito através da existência cósmica.

2 As quatro classes de alimentos: o que se mastiga, o que se chupa, o que se lambe e o que se bebe.

Capítulo XVI

Este capítulo trata de nossa herança divina e demoníaca.

Disse o Senhor:

1. Ausência de medo, pureza de coração, firmeza no conhecimento e na ação, caridade, autodomínio, sacrifício, estudo espiritual, austeridade e retidão;
2. Não-violência, verdade, ausência de ira, espírito de dedicação, serenidade, aversão à calúnia, benevolência para com tudo o que vive, ausência de ira, suavidade, modéstia, ausência de veleidade;
3. Espiritualidade, clemência, fortaleza, pureza, ausência de ódio e arrogância — todas estas qualidades se encontram no que nasce com a herança divina, ó Bharata.
4. Ostentação, arrogância, vaidade, ira, vulgaridade, ignorância — estes são os atributos daquele que nasce com a herança demoníaca.
5. A herança divina nos leva para a Liberdade, a demoníaca para a escravidão. Não te aflijas, ó Partha; tu nasceste com a herança divina.
6. Há duas classes de criaturas neste mundo — a divina e a demoníaca; os atributos divinos já foram descritos em detalhe, escuta agora os demoníacos, ó Partha.
7. Os homens demoníacos não sabem o que devem fazer nem o que não devem fazer; não há neles pureza, nem retidão, nem honestidade.
8. Dizem eles: "Não há verdade nem fundamento nem Deus no universo; tudo nasce da união dos sexos, impelido unicamente pelo desejo".
9. Mantendo esta opinião, estas almas depravadas, de pouco entendimento e de ações cruéis se convertem em inimigos do mundo para destruí-lo.
10. Entregues a um insaciável desejo, cheios de pretensão, arrogância e vaidade, em sua ilusão eles têm maus propósitos e estão empenhados em ações impuras.
11. Entregues a ilimitadas ansiedades que só terminam com a morte, tendo por única meta os gozos sensuais, convencidos de que isso é tudo;

12. Colhidos em uma rede de milhares de esperanças, escravos do desejo e da ira, eles tentam acumular riquezas ilegalmente para a satisfação de seus apetites.
13. "Isto ganhei hoje, esta aspiração conseguirei agora; esta riqueza é minha, isto também será meu mais tarde;
14. "Este inimigo destruí, outros também destruirei; sou dono de tudo; meus são o desfrutar, a perfeição, a força e a felicidade;
15. "Sou rico, bem-nascido. Quem pode igualar-me? Farei um sacrifício! Darei esmolas! Estarei contente." Assim pensam eles, enganados pela ignorância.
16. E agitados por diversas fantasias, colhidos na rede do engano, aderidos à satisfação dos apetites, eles caem no inferno.
17. Enredados em sua própria vaidade, obstinados, cheios da intoxicação do orgulho e da riqueza, eles oferecem sacrifícios nominais por ostentação, contra as regras.
18. Entregues ao orgulho, à força e à arrogância, ao desejo e à ira, eles são depreciadores e me escarnecem em seus próprios corpos e nos dos demais.
19. A estes cruéis escarnecedores, o mais baixo e vil da humanidade, Eu os lanço uma e outra vez a matrizes demoníacas.
20. Condenados a matrizes demoníacas, estes alucinados, longe de vir a Mim, caem cada vez mais baixo durante muitos nascimentos.
21. Tríplice é a porta do inferno, que leva o homem à perdição — Desejo, Ira e Cobiça; estes três, portanto, devem ser evitados.
22. O homem que foge destas três portas da escuridão, ó Kaunteya, obtém seu bem-estar e depois alcança o mais elevado estado.
23. Aquele que renega os mandamentos dos Shastras e não segue senão o mandato de seus desejos egoístas, não alcança a perfeição, nem a felicidade, nem o mais elevado estado[1].

"Shastras" não significa os ritos e fórmulas estabelecidos no chamado Dharmashastra, mas o sendeiro do autodomínio estabelecido pelos sábios e santos.

24. Portanto, que os Shastras sejam tua autoridade para determinar o que deves fazer e o que não deves fazer; aprende os mandamentos dos Shastras e cumpre teu dever neste mundo.

"Shastra" tem aqui o mesmo significado que no verso anterior. Que ninguém seja sua própria lei, mas que aceite a autoridade da lei estabelecida pelos homens que conheceram e viveram a religião.

Assim termina o décimo sexto capítulo, intitulado "A Ioga do Divino e do Demoníaco", no diálogo entre Sri Krishna e Arjuna sobre a ciência da Ioga como parte do conhecimento de Brahman, no Upanishad chamado o Bhagavad Gita.

Notas:
1 Shastras = palavra sânscrita que se usa em geral para designar as escrituras ou textos sagrados de qualquer religião.

Capítulo XVII

Ao ser chamado a considerar os Shastras como a autoridade, Arjuna se defronta com uma dificuldade. Qual é a posição daqueles que talvez não possam aceitar a autoridade dos Shastras mas que agem com fé? Neste capítulo trata-se de responder a esta pergunta. Krishna se contenta em assinalar os altos e baixos no sendeiro do que rejeita a luz dos Shastras. Ele fala da fé e do sacrifício, austeridade e caridade realizados com fé, e os classifica de acordo com o espírito com que são realizados. Também canta a grandeza das sílabas místicas "Aum Tat Sat", uma fórmula de dedicação de toda ação a Deus.

Disse Arjuna:

1. Qual é, então, ó Krishna, a posição daqueles que abandonam os mandamentos dos Shastras e todavia rendem culto com fé? Sua atitude é sátwica, rajásica ou tamásica?

Disse o Senhor:

2. Tríplice é a fé do homem, em cada caso uma expressão de sua natureza; pode ser sátwica, rajásica ou tamásica. Escuta.

3. A fé de cada homem está de acordo com seu caráter inato; o homem é feito de fé; conforme seja o objeto de sua fé, assim é ele.

4. As pessoas de caráter sátwico rendem culto aos deuses; as de caráter rajásico aos Yakshas e Rakshasas (outros seres celestiais); e os outros — os tamásicos — rendem culto aos manes e espíritos.

5. Aqueles homens que, cheios de pretensão e arrogância, possuídos pela violência do desejo e da paixão, praticam severas austeridades não contempladas nos Shastras;

6. Enquanto torturam os diversos elementos que compõem seus corpos, torturam a Mim, que neles habito. Conhece-os como de maus propósitos.

7. Também é de três classes o alimento que agrada a cada qual, como também o são o sacrifício, a austeridade e a caridade. Escuta como se diferenciam.

8. Alimentos que aumentam a vitalidade, o vigor, a saúde, o bem-estar e o apetite, que são saborosos, ricos, substanciosos e agradáveis são os preferidos pelo sátwico.

9. Alimentos que são amargos, ácidos, salgados, muito condimentados, picantes, secos, ardentes, que

causam dor, sofrimento e enfermidade são os preferidos pelo rajásico.

10. Alimento que esfriou, insípido, decomposto, rançoso, impróprio para os sacrifícios, é o preferido pelo tamásico.

11. É sacrifício sátwico aquele que se oferece voluntariamente, como um dever, sem desejo por seus frutos e de acordo com os mandamentos.

12. Mas quando o sacrifício é oferecido com vistas ao fruto e por vanglória, ó Bharata, conhece-o como rajásico.

13. O sacrifício que é contrário aos mandamentos, em que não se oferece alimentos, sem os textos sagrados, sem oferendas e desprovido de fé, diz-se que é tamásico.

14. A austeridade do corpo consiste na homenagem aos deuses, aos Brâmanes, aos Gurus (Mestres) e aos sábios; pureza, retidão, castidade e não-violência.

15. A austeridade verbal consiste em palavras que não causem dano, que sejam verdadeiras, amáveis e úteis, e também o que consta das Escrituras.

16. A austeridade da mente consiste em serenidade, benevolência, silêncio, autodomínio e pureza de espírito.

17. Estas três austeridades, praticadas com uma fé perfeita por aqueles que não desejam seus frutos, diz-se que são sátwicas.

18. A austeridade que é praticada com vistas a ganhar louvores, honra e glória, por ostentação, diz-se que é rajásica; é passageira e instável.

19. A austeridade praticada com néscia obsessão, quer seja para torturar-se ou para causar mal aos outros, é chamada tamásica.

20. A caridade praticada como um dever, sem esperar recompensa alguma, no lugar e tempo apropriados e à pessoa que o necessita se diz que é sátwica.

21. A caridade praticada com a esperança de rece-

ber retribuição ou com vistas a ganhar méritos ou de má-vontade é considerada rajásica.

22. A caridade dada em lugar e tempo indevidos, à pessoa que não a merece, sem respeito e com desprezo, é considerada como tamásica.

23. *Om Tat Sat* foi declarado como a tríplice denominação de Brahman e por este nome foram criados desde a antiguidade os Vedas e os sacrifícios[1].

24. Portanto, os que seguem o culto védico executam os diversos ritos do sacrifício, a caridade e a austeridade, com o *Om* sempre nos lábios.

25. Os que buscam a Libertação executam os diversos ritos de sacrifício pronunciando *Tat* e sem desejo pelos frutos.

26. *Sat* é usada no sentido do real e do bom; ó Partha, também se aplica *Sat* às boas ações.

27. Constância no sacrifício, austeridade e caridade são chamadas *Sat*; também é *Sat* toda ação dirigida com estes propósitos.

A essência dos quatro últimos versos é que cada ação deve ser executada com um espírito de completa dedicação a Deus. Porque somente *Om* é a única realidade. Só tem valor o que é dedicado a Ele.

28. Qualquer ato, ó Partha, quer seja sacrifício, caridade ou austeridade, se for praticado sem fé, é chamado *Asat*. Não serve para nada, nem aqui nem mais além.

Assim termina o décimo sétimo capítulo, intitulado "A Ioga das Três Classes de Fé", no diálogo entre Sri Krishna e Arjuna sobre a ciência da Ioga como parte do conhecimento de Brahman, no Upanishad chamado o Bhagavad Gita.

Notas:
1 *Om Tat Sat. Om (Aum)* é o símbolo do Absoluto. Esta sílaba é considerada como a Palavra Sagrada pelos hindus e foi usada para designar Deus desde a mais

remota antiguidade. *Tat* significa "aquilo", o indefinível, a universalidade de Brahman. *Sat* significa "existência", o que é existente, real. *Om Tat Sat* é a tríplice designação de Brahman e abarca tanto o universo cósmico quanto o Absoluto que o transcende.

Capítulo XVIII

Este capítulo final resume os ensinamentos do Gita. Pode-se dizer que os resume no seguinte: "Abandona todos os deveres e vem a mim, o único refúgio" (66). Essa é a verdadeira renúncia. Mas abandonar todos os deveres não significa abandonar as ações, e sim abandonar o desejo dos frutos. Mesmo o mais elevado ato de serviço deve ser dedicado a Ele, sem desejos. Isso é Tyaga (abandono), isso é Sannyasa (renúncia).

Disse Arjuna:

1. Ó Mahabahu! Quisera aprender separadamente o segredo de Sannyasa e de Tyaga, Ó Hrishikesha! Ó Heshinishudana!

Disse o Senhor:

2. Renunciar às ações que nascem dos desejos egoístas é chamado Sannyasa pelos sábios; abandonar o fruto de toda ação é chamado Tyaga.
3. Alguns pensadores dizem: "Toda ação deve ser abandonada como um mal"; outros dizem: "Os atos de sacrifício, austeridade e caridade não devem ser deixados".
4. Ouve minha opinião nesta matéria de Tyaga, ó Bharatasattama: porque também Tyaga foi descrita como dividida em três classes, ó Poderoso entre os homens!
5. Os atos de sacrifício, caridade e austeridade não podem ser abandonados; devem ser executados, necessariamente. Para o sábio são purificadores.
6. Mas mesmo estes atos devem ser executados abandonando todo apego aos frutos; essa é, ó Partha, minha opinião decisiva.
7. Não é correto renunciar à tarefa que corresponde a cada qual; tal abandono, nascido do engano, diz-se que é tamásico.
8. Aquele que abandona a ação porque a considera penosa e teme forçar seus membros, nunca ganhará o mérito do abandono, porque seu abandono é rajásico.
9. Mas quando a tarefa que nos cabe é realizada com um sentido de dever e com abandono do apego aos frutos, ó Arjuna, tal abandono é considerado sátwico.
10. O sábio pleno de Sattwa que pratica o abandono e que dissipou suas dúvidas não desdenha as ações desagradáveis nem se apega às agradáveis.

11. Porque a alma encarnada não pode abandonar completamente a ação; mas aquele que abandona os frutos da ação é chamado um Tyagui.

12. Tríplice é o fruto das ações: desagradável, agradável, mesclado; esses frutos se acumulam depois da morte para os que não os abandonaram, mas jamais para os Sannyasins[1].

13. Aprende de Mim, ó Mahabahu, os cinco fatores mencionados na doutrina Samkhya para a execução de toda ação.

14. O campo (corpo), o fazedor, os diferentes sentidos, as diversas energias vitais e, por último, o Invisível.

15. Esses cinco fatores aparecem em qualquer ação, boa ou má, que o homem execute com seu corpo, suas palavras ou sua mente.

16. Sendo assim, aquele que por razões de um entendimento confuso considera como fazedor o Atman incondicionado, tal homem é um néscio, e não vê.

17. Aquele que está livre de todo sentido do "Eu", cujos motivos são puros, não destrói nem é atado por suas ações, ainda que destrua a todas essas pessoas.

> Esse verso poderia parecer um pouco desconcertante, mas na verdade não é. Em muitas ocasiões, o Gita nos apresenta o ideal que o aspirante deve tentar alcançar, o qual pode não ser possível de realizar completamente no mundo. É como as definições em geometria. Uma perfeita linha reta não existe, mas é necessário imaginá-la para poder provar as diferentes proposições. Igualmente, é necessário manter ideais desta natureza como modelos a serem imitados em nossa conduta. Este pareceria ser o significado deste verso: aquele que converteu seu Ego em cinzas, cujas motivações são sem mácula, pode destruir o mundo inteiro, se quiser. Mas na verdade aquele que aniquilou o Ego aniquilou também a carne, e aquele cujos motivos são sem mácula pode ver o passado, o presente e o futuro. Tal ser pode ser um e

somente um — Deus. Ele atua e todavia não é o fazedor, destrói e não é um destruidor. Para o homem mortal, o caminho real — a conduta do perfeito — está sempre diante dele, isto é, *Ahimsa*, considerar que toda vida é sagrada.

"Se acreditamos que Krishna é Deus", disse Gandhi respondendo a uma pergunta a respeito deste verso, "devemos atribuir-lhe onisciência e onipotência. Tal ser com certeza pode destruir. Mas nós somos ínfimos mortais, sempre cometendo erros e sempre mudando nossas opiniões. Não podemos, sem causar pesar, copiar Krishna, o inspirador do Gita."

Em outra ocasião, disse Gandhi: "A verdade exclui o uso da violência. O homem não é capaz de conhecer a Verdade Absoluta e portanto não é competente para castigar. Só Deus é competente."

18. O conhecimento, o objeto do conhecimento e o conhecedor compõem o tríplice impulso da ação; os meios, o ato e o fazedor compõem a tríplice essência da ação.

19. O conhecimento, a ação e o fazedor são de três classes, de acordo com as diferentes Gunas; escuta isto, tal como foi explicado na ciência das Gunas.

20. Saiba que por meio do conhecimento sátwico, vê-se uma entidade imutável em todos os seres, a unidade na diversidade.

21. Pelo conhecimento rajásico, percebe-se separadamente todos os seres como várias entidades de diversas classes.

22. Pelo conhecimento tamásico, apega-se a uma só coisa, sem pensar, como se isso fosse tudo, e perde-se a essência verdadeira das coisas.

23. É ação sátwica a que, constituindo a tarefa que nos cabe, é executada sem apego, sem gosto ou desgosto, e sem desejo pelos frutos.

24. É ação rajásica a impulsionada pelo desejo dos frutos ou pelo sentido do "eu", e leva consigo muita dissipação de energia.

25. É ação tamásica a que se empreende cegamente, sem consideração pela capacidade nem por suas conseqüências, e leva consigo perdas e danos.
26. O fazedor é chamado sátwico quando abandonou todo apego, todo sentido do "Eu", que está pleno de firmeza e de fervor, e que não busca o êxito nem o fracasso.
27. Diz-se que o fazedor é rajásico quando é apaixonado, desejoso dos frutos da ação, cobiçoso, violento, impuro, afetado pelas penas e alegrias.
28. O fazedor é tamásico quando é indisciplinado, vulgar, obstinado, rancoroso, indolente, angustiado e lento.
29. Escuta agora, ó Dhananjaya, com todos os detalhes, a tríplice divisão do entendimento e da vontade.
30. É entendimento sátwico, ó Partha, o que distingue a ação da inação, o que deve se fazer e o que não se deve, o medo e a ausência de medo, a escravidão e a libertação.
31. É entendimento rajásico, ó Partha, o que decide equivocadamente entre o bem e o mal, entre o que se deve fazer e o que não deve fazer-se.
32. É entendimento tamásico, ó Partha, o que está coberto pela escuridão, toma o mau pelo bom e confunde tudo com seu oposto.
33. É vontade sátwica, ó Partha, a que mantém uma constante harmonia entre as atividades da mente, a energia vital e os sentidos.
34. É vontade rajásica, ó Partha, a que se adere com apego à retidão, os desejos e a riqueza, buscando em cada caso o fruto.
35. É vontade tamásica, ó Partha, a do homem insensato, dominado pelo sonho, o temor, o pesar, o desespero e a presunção.
36. Escuta agora, ó melhor dos Bharatas, as três classes de prazer. O prazer que se desfruta somente depois de uma contínua disciplina e que põe fim à dor.

37. O que a princípio é como veneno mas por fim é como néctar, o que nasce da serena realização da verdadeira natureza do Atman, tal prazer é sátwico.

38. O prazer é chamado rajásico quando nasce do contato dos sentidos com seus objetos; é como néctar a princípio, mas termina como veneno.

39. É prazer tamásico o que surge do sonho, da preguiça e da negligência; embota a alma tanto no princípio como no fim.

40. Não há qualquer ser, seja em terra ou no céu, entre os deuses, que possa estar livre destas três Gunas nascidas de Prakriti.

41. Os deveres de Brâmanes, Xátrias, Vaixás e Sudras estão distribuídos de acordo com suas qualidades inatas, ó Parantapa[2].

42. Serenidade, autodomínio, austeridade, pureza, clemência, retidão, conhecimento e discriminação, fé em Deus, são os deveres naturais de um brâmane.

43. Valor, energia, constância, engenho, coragem na batalha, generosidade, capacidade para governar são os deveres naturais de um Xátria.

44. O cultivo do solo, a criação de gado, o comércio são as funções naturais de um Vaixá; enquanto que o serviço é o dever natural de um Sudra.

45. Cada qual, pela completa dedicação na execução de seu dever, alcança a perfeição. Escuta agora como se alcança a perfeição pela devoção nesse dever.

46. O homem alcança a perfeição oferecendo o cumprimento de seu dever Àquele que é o Espírito animador de todos os seres e que a tudo compenetra.

47. É melhor cumprir o próprio dever, ainda que pareça pouco atraente, que o dever de outro que talvez possa ser mais facilmente executado; cumprindo o dever que corresponde à própria natureza, não se comete pecado.

O ensinamento fundamental do Gita é o desapego — abandonar o fruto da ação. Não haveria lugar para este desapego se se fosse preferir o dever de outros ao seu próprio. Por isso se diz que o próprio dever é melhor que o dos outros. O que importa é a atitude com que se cumpre o dever, e sua execução desinteressada é sua única recompensa.

48. Não se deve abandonar, ó Kaunteya, o dever que lhe corresponde por natureza, ainda que seja imperfeito; porque toda ação em seu começo está envolta em imperfeição, como o fogo na fumaça.

49. Aquele que se afastou de toda classe de apegos, que é senhor de si mesmo, que morreu para o desejo, alcança a perfeição suprema da libertação das ações por meio da renúncia.

50. Aprende agora de Mim, brevemente, ó Kaunteya, como chega a Brahman aquele que alcançou esta perfeição, a consumação do supremo conhecimento.

51. Equipado com um entendimento puro, controlando o Ego com vontade firme, abandonando os objetos dos sentidos, deixando para trás simpatias e antipatias;

52. Vivendo em solidão, sóbrio na comida, controlado em suas palavras, corpo e mente; sempre absorto na meditação, ancorado no desapaixonamento;

53/54. Sem orgulho, violência, arrogância, desejo, ira, possessões; tendo abandonado todo o sentido do "eu" e em paz consigo mesmo, ele não se aflige nem deseja; considerando iguais a todos os seres, adquire a suprema devoção a Mim.

55. Pela devoção, ele realiza quão grande Sou e quem sou Eu; tendo-me conhecido realmente, ele a Mim se une.

56. Ainda que sempre executando suas ações, o que faz de Mim seu refúgio, por Minha Graça ganha asilo eterno e imperecível.

57. Dedicando mentalmente todas as ações a Mim, faz de Mim tua meta, e recorrendo à Ioga da equanimidade mental, fixa teus pensaamentos em Mim.

58. Fixando assim teu pensamento em Mim, vencerás todos os obstáculos por Minha Graça; mas, possuído pelo sentido do "eu", não me escutando, perecerás.

59. Se, obcecado pelo sentido do "eu", pensas: "Eu não devo lutar!", vã é tua obsessão; tua natureza obrigar-te-á a lutar.

60. O que não queres fazer agora, devido a teu engano, ó Kaunteya, fá-lo-ás contra tua vontade, porque estás atado ao dever que por natureza te cabe.

61. Ishwara (Deus) habita no coração de todos os seres, ó Arjuna, e por seu misterioso poder fá-los girar como se estivessem em uma roda.

62. Busca teu refúgio somente Nele, com todo teu coração, ó Bharata. Por Sua Graça ganharás o asilo eterno da Paz suprema.

63. A ti expus o mais secreto de todos os conhecimentos; medita plenamente sobre ele, e depois age como quiseres.

64. Ouve de novo Minha palavra, a mais secreta de todas; porque me és muito querido, desejo mostrarte aquilo que é para teu bem.

65. Fixa tua mente em Mim, a Mim dedica tua devoção, oferece teu sacrifício a Mim, a Mim somente rende homenagem; assim, certamente, virás a Mim, prometote solenemente, porque és muito querido por Mim.

66. Abandona todos os deveres e vem a Mim, o único refúgio; Eu livrar-te-ei de todos os males; não te aflijas.

67. Não fales nunca disto a quem não conhece a austeridade, ao que não tem devoção nem interesse em escutar, como tampouco àquele que de Mim se ri.

68. Aquele que ensinar este segredo supremo a Meus devotos, por esse ato de devoção, seguramente virá a Mim.

Somente aquele que alcançou o conhecimento e o aplica em sua vida diária pode ensiná-lo aos outros. Estes dois versos não podem se referir àqueles que se conduzem de qualquer maneira, mas que podem dar uma versão verbal correta do Gita.

69. Não há ninguém dentre os homens que Me preste mais valioso serviço que este; nem haverá ninguém na terra mais querido por Mim que ele.
70. E aquele que estudar este diálogo sagrado, render-Me-á culto com o sacrifício do conhecimento (IV. 28). Esta é minha opinião.
71. E o homem de fé, ainda que nada mais faça senão ouvi-lo sem rir-se, será libertado e irá para os mundos dos homens virtuosos.
72. Ouviste isto, ó Partha, com uma mente concentrada? Foi destruída tua ilusão nascida da ignorância, ó Dhananjaya?

Disse Arjuna:

73. Por Tua graça, ó Achyuta (Krishna), minha ilusão foi destruída e recobrei meu entendimento. Sinto-me seguro, minhas dúvidas se dispersaram; cumprirei Teu mandato.

Sanjaya disse:

74. Assim escutei este maravilhoso e comovedor diálogo, entre Vasudeva e o nobre Partha.
75. Pela graça de Vyasa escutei esta Ioga suprema e secreta, explicada diretamente pelo Mestre da Ioga, Krishna mesmo em pessoa.
76. Ó Rei, cada vez que recordo este maravilhoso e purificante diálogo entre Keshava e Arjuna, de novo me sinto extasiado.

77. E cada vez que recordo a forma maravilhosa de Hari (Vishnu), meu assombro não tem limites e me regozijo uma e outra vez.

78. Onde quer que se encontrem Krishna, o Mestre da Ioga, e Partha, o Arqueiro, ali estará assegurada a fortuna, a vitória, a prosperidade e a justiça eterna.

Assim termina o décimo oitavo capítulo, intitulado "A Ioga da Libertação pela Renúncia", no diálogo entre Sri Krishna e Arjuna sobre a ciência da Ioga como parte do conhecimento de Brahman, no Upanishad chamado o Bhagavad Gita.

Notas:
1 O significado etimológico das palavras "sannyasa" e "tyaga" é abandonar; o uso corrente dá aos dois termos quase o mesmo sentido. "Sannyasin" (aquele que renuncia) e "Tyagui" (aquele que abandona) têm a mesma meta, como Samkhya-Ioga e Karma-Ioga foram explicadas no capítulo V.

2 As quatro castas tradicionais da antiga Índia.

ÍNDICE

Apresentação 5

Anastiyoga — A mensagem do Gita 7

CAPÍTULO I 21
Conhecimento algum pode ser alcançado sem ser buscado, nem a tranquilidade sem que se preocupe por ela, nem a felicidade senão através de tribulações. Todo investigador, em um momento ou outro, tem de sofrer um conflito entre deveres, uma conversão do coração.

CAPÍTULO II 29
Devido a uma ilusão, o homem toma o falso pelo verdadeiro. Por uma ilusão, Arjuna foi levado a fazer uma diferença entre parentes e não-parentes. Para lhe demonstrar que essa distinção é falsa, Krishna distingue entre corpo (não-eu) e atman (eu), e mostra-lhe que enquanto os corpos são mortais e muitos, o atman é imorredouro e uno. O esforço está dentro do controle do homem, não é seu resultado. Tudo o que ele tem a fazer, portanto, é decidir em cada ocasião sua linha de conduta e seu dever, e perseverar sem se preocupar com os resultados. O cumprimento do dever com um espírito de desapego e não-egoísmo conduz à liberdade.

CAPÍTULO III 41
Pode-se dizer que este capítulo é a chave para a compreensão do Gita. Deixa claramente estabelecido o espírito e a natureza da ação correta, e

177

mostra como o verdadeiro conhecimento deve se expressar em atos de serviço desinteressado.

CAPÍTULO IV 53
Este capítulo dá uma explicação mais ampla do tema do terceiro e descreve várias classes de sacrifício.

CAPÍTULO V 65
Este capítulo é dedicado a demonstrar que a renúncia à ação como tal é impossível sem a disciplina da ação desinteressada, e que ambas são finalmente uma só.

CAPÍTULO VI 75
Este capítulo trata de alguns dos meios para a realização da ioga ou disciplina da mente.

CAPÍTULO VII 85
Neste capítulo começa uma exposição sobre o que é a realidade e o segredo da devoção.

CAPÍTULO VIII 91
O caráter do Supremo é mais extensamente explicado neste capítulo.

CAPÍTULO IX 99
Este capítulo revela a glória da devoção.

CAPÍTULO X 107
Para benefício de seus devotos, o Senhor dá neste capítulo um vislumbre das suas divinas manifestações.

CAPÍTULO XI 115
Neste capítulo, o Senhor revela diante dos olhos de Arjuna o que ele havia escutado com seus ouvidos — a forma cósmica do Senhor. Este capítulo é o favorito dos bhaktas. Aqui não há argumentos.

178

Tudo é poesia. Sua música solene ressoa em nossos ouvidos e não é possível cansarmo-nos de lê-lo mais de uma vez.

CAPÍTULO XII 125
Vemos assim que a visão de Deus só é possível por meio de uma devoção total. O conteúdo da devoção deve vir como coisa natural. Este capítulo deve ser aprendido de memória. É um dos mais curtos. Os sinais de um devoto devem ser cuidadosamente observados.

CAPÍTULO XIII 131
Este capítulo trata da distinção entre o corpo (não-eu) e a alma (eu).

CAPÍTULO XIV 139
A descrição de Prakriti nos leva naturalmente a seus constituintes, as Gunas, que formam o tema deste capítulo. E isto, por sua vez, nos leva à descrição dos sinais Daquele que está além das Gunas. São praticamente os mesmos dos do homem de entendimento seguro (II. 54-72) como também os do devoto ideal (XII. 12-20).

CAPÍTULO XV 147
Este capítulo trata da forma suprema do Senhor, transcendente ao perecível e ao imperecível.

CAPÍTULO XVI 153
Este capítulo trata de nossa herança divina e demoníaca.

CAPÍTULO XVII 159
Ao ser chamado a considerar os Shastras como a autoridade, Arjuna se defronta com uma dificuldade.

179

Qual é a posição daqueles que talvez não possam aceitar a autoridade dos Shastras mas que agem com fé? Neste capítulo trata-se de responder a esta pergunta. Krishna se contenta em assinalar os altos e baixos no sendeiro do que rejeita a luz dos Shastras. Ele fala da fé e do sacrifício, austeridade e caridade realizados com fé, e os classifica de acordo com o espírito com que são realizados. Também canta a grandeza das sílabas místicas "Aum Tat Sat", uma fórmula de dedicação de toda ação a Deus.

CAPÍTULO XVIII 165
Este capítulo final resume os ensinamentos do Gita. Pode-se dizer que os resume no seguinte: "Abandona todos os deveres e vem a mim, o único refúgio" (66). Essa é a verdadeira renúncia. Mas abandonar todos os deveres não significa abandonar as ações, e sim abandonar o desejo dos frutos. Mesmo o mais elevado ato de serviço deve ser dedicado a Ele, sem desejos. Isso é Tyaga (abandono), isso é Sannyasa (renúncia).

Impressão e acabamento
Imprensa da Fé